Oliver Schröter

111 Orte für echte Männer, die man gesehen haben muss

emons:

Bibliografische Information der Deutschen Bibliothek
Die Deutsche Bibliothek verzeichnet diese Publikation
in der Deutschen Nationalbibliografie; detaillierte bibliografische
Daten sind im Internet über http: // dnb.d-nb.de abrufbar.

MIX
Papier aus verantwortungsvollen Quellen
FSC® C010135
FSC
www.fsc.org

Gestaltung: Eva Kraskes, nach einem Konzept
von Lübbeke | Naumann | Thoben
Kartografie: altancicek.design, www.altancicek.de
Kartenbasisinformationen aus Openstreetmap,
© OpenStreetMap-Mitwirkende, ODbL
Druck und Bindung: B.O.S.S Druck und Medien GmbH, Goch
Printed in Germany 2014
Erstausgabe 2013
ISBN 978-3-95451-228-7
Originalausgabe

Vorwort

Was sind schon echte Männer? Sie werden sich diese Frage stellen, wenn Sie im Buchladen die erste Seite aufschlagen: Bin ich ein echter Mann? Oder: Ist mein Mann ein echter Mann? Und Sie haben recht: Diese Frage muss gestattet sein am Anfang eines Buches, das sich an ebendiese Gruppe von Menschen wendet.

Dabei liegt die Antwort eigentlich auf der Hand und steckt schon in der Frage: Echte Männer sind Männer, die echt sind. Männer, die selbstbestimmt ihr Leben gestalten, Verantwortung dafür übernehmen und sich Freiräume schaffen, in denen sie ganz Kurt, Jörg, David, Werner, Bruce oder James sein können.

Diese Freiräume zu füllen, ganz nach dem individuellen Verlangen, dabei hilft dieses Buch. Es erzählt Geschichten von Männern und für Männer und weist den Weg zu den Orten, an denen sich diese Geschichten abspielen oder einstmals abgespielt haben. Unterm Strich ist dieser Band also ein Kompass für moderne Abenteurer. Er führt seine Leser zu Orten der Technik, der Geschichte, des Wissens und des Sports. Er erzählt von tiefen Höhlen und hohen Bergen, von schnellen Motorrädern und alten Autos, von Brauereien und Brennereien, von spannenden Museen und wilden Wassern, er weist auf die Spuren nicht ganz so echter Männer wie Bruce Willis oder James Bond und führt letztendlich sogar ins Kloster.

Entdecken Sie 111 aufregende, interessante, schräge und gefährliche Orte in Deutschland, Österreich und der Schweiz und finden Sie dort den echten Mann in sich. Viel Spaß dabei!

111 Orte

1 Der Eiskanal | Augsburg
Mit Getöse durch die Rinne | 10

2 Die Spielbank | Bad Ems
Machen Sie Ihr Spiel! | 12

3 Der Snowpark Gastein | Bad Gastein
Shredden und Rippen im Salzburger Land | 14

4 Die Falkensteiner Höhle | Bad Urach
Tauchen, klettern, staunen | 16

5 Das Brenners Park-Hotel & Spa | Baden-Baden
Nicht nur für Staatsmänner | 18

6 Das BergWerk | Berlin
Hoch oben, tief im Berg, mitten im Kino | 20

7 Das BMW Werk Berlin | Berlin
Berliner Luft in den Reifen | 22

8 Das Computerspielemuseum | Berlin
Der Traum vom Träumen | 24

9 Der Fernsehturm | Berlin
Wer hat den größten Turm | 26

10 Die Glienicker Brücke | Berlin
Kleinod an der Havel und Ende der Welt | 28

11 Der Kollhoff-Tower | Berlin
Aufs Dach der Macht in 20 Sekunden | 30

12 Das Militärhistorische Museum | Berlin
Eindrucksvoll und schonungslos| 32

13 Das Olympiastadion | Berlin
Von Sport und Macht | 34

14 Die Tour de Toilette | Berlin
Durch Berlin von Klo zu Klo | 36

15 Das Omega-Museum | Biel
Auf dem Mond und undercover | 38

16 Das BunBo | Brandenburg
Ein bewegtes Haus für bequeme Entdecker | 40

17 Das Deutsche Auswandererhaus | Bremerhaven
Drehtür zur Neuen Welt | 42

18 Das Hubschraubermuseum | Bückeburg
Senkrecht hinauf| 44

19 Das Levi-Strauss-Museum | Buttenheim
Das männlichste aller Beinkleider | 46

20 Das Weltwirtschaftsforum | Davos
Schöne Aussicht vom Gipfel der Macht | 48

21 Die Galopprennbahn | Dortmund
Pferde, Wetten, Abschlag üben | 50

22 Der Signal Iduna Park | Dortmund
Die gelbe Wand steht in der Süd | 52

23 Das Hygiene-Museum | Dresden
Leben, Sterben, Sex | 54

24 Das Survivaltraining | Dresden
Schöne Natur, extreme Natur | 56

25 Das Tauchrevier Gasometer | Duisburg
Eintauchen in die Industriegeschichte | 58

26 Die Classic Remise | Düsseldorf
Das Paradies! | 60

27 Die Gaststätte Röhrl | Eilsbrunn
Im ältesten Wirtshaus der Welt | 62

28 Das Luftbrückenmuseum | Fassberg
»Ihr Völker der Welt, schaut auf diese Stadt!« | 64

29 Der Flugsimulator | Frankfurt am Main
Tollkühne Männer in ihren fliegenden Kisten | 66

30 Das M-Steakhouse | Frankfurt am Main
Fleisch at its best | 68

31 Die Brauerei Weihenstephan | Freising
Der Berg der Bierpropheten | 70

32 Das Zeppelin Museum | Friedrichshafen
Die brennende Zigarre des Grafen | 72

33 Die Schwart Johann | Gager (Rügen)
Zeitreise mit dem Wind | 74

34 Das Ballonmuseum | Gersthofen
Die Eroberung der dritten Dimension | 76

35 Das Deutsche Uhrenmuseum Glashütte | Glashütte
Eine Stadt im Strudel der Zeit | 78

36 Ferropolis | Gräfenhainichen
Die Stadt aus Eisen | 80

37 Der Männerspielplatz | Grossalmerode
Mehr Power! | 82

38 Das Legoland | Günzburg
Aus klein wird groß für Groß und Klein | 84

39 Die Astra-Brauerei | Hamburg
Was dagegen? | 86

40 Die älteste Tattoostube | Hamburg
Geschichten unter der Haut | 88

41 Die Cap San Diego | Hamburg
Der Weg war das Ziel | 90

42 Der FC St. Pauli | Hamburg
Im Schatten des Jolly Rogers | 92

43 Das Miniatur Wunderland | Hamburg
Große Idee für kleine Welt | 94

44 Das U-Boot 434 | Hamburg
Faszinierendes Kriegsgerät | 96

45 Der Rock 'n' Roll | Hanau
Hanaus wilde fünf Minuten | 98

46 Die Harzköhlerei | Hasselfelde
Gut Brand! | 100

47 Klaus, der Schmied | Hipstedt
Mit Schweiß, Blut und Spaß zur Traumklinge | 102

48 Das Grenzdenkmal | Hötensleben
Grüne Grenze, grüne Hölle | 104

49 Bruce Willis' Geburtsort | Idar-Oberstein
Yippie-ya-yeah, Schweinebacke! | 106

50 Die Alpsee Bergwelt | Immenstadt
Drei Wünsche auf einmal | 108

51 Das Deutsche Sport & Olympia Museum | Köln
Entdecken, Ausprobieren, Erinnern | 110

52 La Galana | Köln
Hemingway, Havanna und das Lebensgefühl | 112

53 Der Bunker | Kossa
Der eine oder einer von über 1.000? | 114

54 Panzerfahren | Landsberg
Stark, breit, laut, rußt | 116

55 Der Schmied | Lauterbach
Alles, was scharf ist | 118

56 Porsche Leipzig | Leipzig
Den Mythos erleben | 120

57 Die Sternburg Brauerei | Leipzig
Willkommen im Sterniversum | 122

58 Das Völkerschlachtdenkmal | Leipzig
Viele tote Männer | 124

59 Der Planwagen | Lutherstadt Wittenberg
Nicht nur nach Westen | 126

60 Der Kanupark Markkleeberg | Markkleeberg
Ergib dich den Fluten | 128

61 Das Erlebnis Bergwerk Merkers | Merkers-Kieselbach
Bei den Herren des weißen Goldes | 130

62 Die Abtei Königsmünster | Meschede
Im Haus der Stille oder Kloster auf Zeit | 132

63 Das Neanderthal Museum | Mettmann
Der nette Onkel aus der Steinzeit | 134

64 Das CERN | Meyrin
Schwarze Löcher und Gottesteilchen | 136

65 Die Deutsche Raumfahrtausstellung | Muldenhammer
Ein Ort extraterrestrischer Heldentaten | 138

66 Die Eisbachwelle | München
Surf den Fluss | 140

67 Die Globetrotter Erlebniswelt | München
Erfroren, durchnässt, glücklich | 142

68 Das Jagd- und Fischereimuseum | München
Halali und Petri Heil | 144

69 Die High-Life-Divers im Sea Life | München
Haialarm im Olympiapark | 146

70 Das Piz Gloria | Mürren
Im Geheimdienst Ihrer Majestät | 148

71 Die Traktorvermietung | Nesselwang
Durchs Allgäu geknattert | 150

72 Top of Tyrol | Neustift
Gletscher mit Balkon | 152

73 Das Schiffshebewerk | Niederfinow
Ein Fahrstuhl für den Kanal | 154

74 Der Nürburgring | Nürburg
Laut, schnell, gefährlich – eine Legende | 156

75 's Baggers | Nürnberg
Schwebende Suppe und Kartoffel-Looping | 158

76 Das DB Museum | Nürnberg
Guck mal, ein Zug! | 160

77 Der Sachsenring | Oberlungwitz
Der Ring des Ostens | 162

78 Der Monsterroller | Oberwiesenthal
Auf fetten Walzen ins Tal | 164

79 Das Kellerlabyrinth | Oppenheim
Untendrunter | 166

80 Die Area 47 | Ötztal-Bahnhof
Geballter Wahnsinn | 168

81 Fußballgolf | Owschlag
Fußball? Golf? Im Wald? | 170

82 Die Wasserski-Seilbahn | Parkstetten
Die längste der Welt | 172

83 Der Waldseilgarten Höllschlucht | Pfronten-Kappel
Über der Kante | 174

84 Das Dynamikum | Pirmasens
Weltherrscher Wissen | 176

85 Das Kaiser-Wilhelm-Denkmal | Porta-Westfalica
»Wir wollen unseren alten Kaiser Wilhelm wieder haben« | 178

86 Der Filmpark und die Quentin-Tarantino-Straße | Potsdam
Die einzige auf der ganzen Welt, Mann! | 180

87 Das Karl-May-Museum | Radebeul
Phantastische Welten made in Sachsen | 182

88 Das Deutsche Werkzeugmuseum | Remscheid
Faustkeil und Feile verstehen | 184

89 Das Wismut-Objekt90 | Ronneburg
Mit strahlenden Grüßen aus der DDR | 186

90 Die Megazipline | Rübeland
Über die Talsperre geschossen | 188

91 Das Kernkraftwerk Greifswald | Rubenow
Der Blick in Reaktorblock 6 | 190

92 Das Foltermuseum | Rüdesheim am Rhein
Schmerz im Namen der Kirche | 192

93 Die Boofen | Sächsische Schweiz
Oben Fels und unten Fels | 194

94 Die Slyrs-Destillerie | Schliersee
Bavarian Single Malt | 196

95 Das Bud Spencer Freibad | Schwäbisch Gmünd
Plattfuß an der Rems | 198

96 Das Auto & Technik Museum | Sinsheim
Der Geruch von Öl und Freiheit | 200

97 Das Technik Museum | Speyer
So richtig große Technik | 202

98 Das Kyffhäuserdenkmal | Steinthaleben
Rotbart und Wilhelm | 204

99 Das Ozeaneum | Stralsund
Superlativ aus Glas und Wasser | 206

100 El Dorado | Templin
Wilder Westen im Wilden Osten | 208

101 Goldschürfen am Rhein | Titisee-Neustadt
Auf der Suche nach dem Rheingold | 210

102 Das Ötzi-Dorf | Umhausen
Beim coolsten Kerl der Steinzeit | 212

103 Paintballaction | Unterpremstätten
Schusswechsel am Schwarzlsee | 214

104 Die Taucherkessel | Wettin-Löbejün
Versunkene Welt | 216

105 Der Bikepark | Winterberg
Bergab auf Weltniveau | 218

106 Der Jägermeister | Wolfenbüttel
Das Elixier des heiligen Hubertus | 220

107 Die Autostadt | Wolfsburg
Wissenscampus zwischen Vergangenheit und Zukunft | 222

108 Der Archäologische Park Xanten | Xanten
Damals in der Colonia Ulpia Traiana | 224

109 Hollister's Motorcycles | Zimmern ob Rottweil
Du höllisches Blechle | 226

110 Die Zugspitze | Zugspitze
Zugspitze extrem | 228

111 Das FIFA-Hauptquartier | Zürich
Das Eckige fürs Runde | 230

1 Der Eiskanal

Mit Getöse durch die Rinne

Eine wilde Gischt, Wasser spritzt, knallt gegen den Rumpf, scheint sich gegen den Fremdkörper zu wehren, reißt das kleine Boot mit sich, zerrt es nach links, nach rechts, gibt ihm eine kurze Atempause, um es mit einer plötzlichen Unterströmung beinahe doch noch zum Kentern zu bringen. Der Kanute reitet das Boot wie ein wildes Pferd, taucht das Paddel ein, rudert nach vorn und nach hinten, kämpft mit dem Wasser, wischt die Gischt aus dem Gesicht, bevor es erneut angreift. So geht es durch die »Waschmaschine«, vorbei an »Moby Dick«, durch den »Korkenzieher«, hinein ins »Karussell«, über die »Torpedowalze« ins Ziel.

Am Rande des beschaulichen Augsburg haben ein paar verrückte Ingenieure als Nebenarm zum Eiskanal, ein Umgehungskanal, der das dortige Wasserwerk vor Treibeis auf dem Lech schützen soll, die erste künstliche Wildwasserstrecke der Welt entworfen und gebaut. 1972 war das, das Jahr, in dem Kanuslalom während der Spiele in München, Augsburg und Kiel erstmals olympisch war. Über 300 Meter schießt das Wasser, des sonst einigermaßen gemächlichen Lech dort über einen Höhenunterschied von gut vier Metern mit einer Wassergeschwindigkeit von drei bis sechs Metern in der Sekunde vorbei an 35 unterschiedlichen Betonhöckern. Das erzeugt Kehrwässer, Walzen und Schnellen, wie Kanuten und Rafter sie lieben. Je nach Fließgeschwindigkeit reicht das auf der Wildwasserschwierigkeitsskala für eine 3 bis 4, schwierig bis sehr schwierig.

Die DDR hat den Kanal in Vorbereitung auf die Olympischen Spiele 72 übrigens an der Zwickauer Mulde nachgebaut und sicherte sich so bei den ersten Wettkämpfen unter eigener Flagge und mit eigener Hymne einen Überraschungsvorteil, der einen Sieg in allen vier Wettkämpfen mit sich brachte.

Neben den hier stattfindenden Wettbewerben kann man den rasanten Kanal im Rahmen geführter Raftingtouren und auch mit dem eigenen Kanu befahren.

Adresse Am Eiskanal 49, 86161 Augsburg, www.eiskanal-augsburg.de | Anfahrt A 8 bis Ausfahrt 73-Augsburg-Ost in Richtung Augsburg-Zentrum / Neuburg a. d. Donau / Pöttmes / Flughafen, Ausfahrt Berliner Allee / B 2, weiter auf B 2, weiter auf Am Eiskanal bis zum Parkplatz | Öffnungszeiten Mo – So je nach Witterung 9 – 19 Uhr, geführte Raftingtouren auf dem Eiskanal unter www.raftingcanyoning.com | Tipp Schräg gegenüber vom Eiskanal befindet sich der Kuhsee, ein vom Siebentischwald eingerahmter Badesee mit breitem Sandstrand und dem Restaurant Seelounge. Hier kann Mann den Schreck von der Schussfahrt durch den Kanal entspannt hinunterspülen.

2 Die Spielbank

Machen Sie Ihr Spiel!

Wer nur »Mensch ärgere Dich nicht« und »Mau-Mau« auf dem Kasten hat, das Risiko aber trotzdem niemals scheut, der sollte sich umdrehen und ganz schnell weglaufen. Wer aber ein lässiger Geselle ist, ein Pokerface hat, eine Sonnenbrille, einen kühlen Kopf und einen analytischen Verstand sein Eigen nennt, der streiche sich das Revers glatt und trete ein in die ehrwürdige, die älteste deutsche Spielbank im schönen Bad Ems zwischen Taunus und Westerwald.

Mann muss schon leidensfähig sein, um seine freie Zeit und das hart Gesparte oder schnell Geerbte auf diese Weise zu vertreiben. Nach Hochseilgarten, Wildwassertour und Porschefahrt reizt ein Besuch im Kasino aber auf seine ganz spezielle Weise. Adrenalin fließt hier ebenfalls in Strömen, wenn die Kugel rollt und nichts mehr geht, wenn die Bank beim Blackjack einen Lauf hat, wenn das Gegenüber am Pokertisch die eigene Hand zu erraten scheint oder sich einer der zahllosen Automaten blinkend und tutend lustig macht.

Die Spielbank ist ein Ort für echte Männer, das liegt in ihrer Tradition. Dennoch: Während Frauen in James-Bond-Manier hier früher nur schmückendes Beiwerk waren oder lasziv am Roulette drehten, gibt es heute die eine oder andere echte Pokerheldin am Tisch. Vorsicht also vor der Machofalle!

Die Geschichte der Spielbank Bad Ems ist beinahe 300 Jahre alt und beginnt in einer Zeit, in der die Kleinstadt an der Lahn als einer der berühmtesten deutschen Badeorte gerade aufblühte. Natürlich Goethe, später aber auch Wagner und Dostojewski gehörten zur erlesenen Gästeschar des »Weltbades«, wie es später im 19. Jahrhundert genannt wurde. Ab 1872 ging nach über 150 Jahren im Marmorsaal des Kursaalgebäudes nichts mehr. Das Glücksspiel ließ sich mit den preußischen Idealen nicht mehr vereinbaren. 1987 wurde die Spielbank im »kleinen Konzertsaal« wiedereröffnet. Ein glückliches Ende! Faites vos jeux!

Adresse Römerstraße 8, 56130 Bad Ems, www.spielbank-badems.de | Anfahrt über A 3 bis Ausfahrt 40-Montabaur in Richtung Bad Ems, weiter auf B 49 bis Ausfahrt zur B 261 Richtung Bad Ems, links auf B 261, in Bad Ems rechts auf Silberaustraße / B 261, links auf Viktoriaallee, links auf Rathausstraße, rechts auf Römerstraße | Öffnungszeiten Klassisches Spiel: Mo–So 19–2.30 Uhr; Automatenspiel: Mo–So 13–2.30 Uhr | Tipp Bad Ems hat sich noch viel vom Glanz seiner goldenen Zeit im 19. Jahrhundert bewahrt: überall beeindruckende prunkvolle Architektur – vom Kurhaus über die Bäderhalle bis zur russisch-orthodoxen Kirche. Bad Ems sollte Mann gesehen haben.

3 Der Snowpark Gastein

Shredden und Rippen im Salzburger Land

Das erste Hindernis ist eine Sprachbarriere. Mit Hochdeutsch schlägt man sich hier mehr schlecht als recht durch. Amtssprache im Snowpark ist eine Mischung aus feinstem Österreichisch und amerikanischem Englisch. So greifen die Rider spätestens im Jänner zum Board, um den Park gepflegt zu shredden. Allerdings nur, wenn das Shape-Team ganze Arbeit geleistet hat und das Set-up stimmt. Dann fliegen die Snowboarder oder Freeskier in ihren bunten Klamotten wie Gewehrkugeln durch die weiße Idylle.

Wer allerdings in den ersten 30 Lebensjahren nicht ab und zu mal auf Skiern oder einem Snowboard gestanden hat, für den ist ein Besuch im kalten und sonnenbeschienenen Paradies für die Wildesten unter den Wintersportlern vielleicht schon zu spät. Gut, die Macher des Snowparks im Salzburger Land garantieren Anfängern wie Profis Fun, und auch die örtliche Schneesportschule hilft gern über die ersten Barrieren. Man muss aber schon ein harter Hund sein, um bei voller Geschwindigkeit über die Obstacles zu shredden, mit den Skiern über Geländer und Tische zu gleiten, über Schanzen zu fliegen, dabei Drehungen und Salti hinzubekommen, extrem lässig auszusehen und am Ende nicht jedes Mal kopfüber bis zur Hüfte im Schnee zu stecken.

Easy Riding sah in der 68er-Generation deutlich entspannter aus. In Gastein geht es da mehr zur Sache. Deshalb sind die Betreiber von Dezember bis Anfang April auch täglich damit beschäftigt, den Park perfekt in Form zu halten, in Shape also, wofür ein guter Parkdesigner und eben ein geschicktes Shape-Team unerlässlich sind.

Und weil sie ganze Arbeit leisten, trifft sich die Szene hier nicht nur gern, sondern nutzt den Park und die wunderschöne Landschaft auch regelmäßig für Film- und Fotoaufnahmen und lässt für wirklich spektakuläre Bilder Butter Boxes, Down Rails, Tubes und Kickerlines glühen, bis im Frühjahr der Schnee schmilzt.

Adresse Stubnerkogelstraße 23, 5640 Bad Gastein, Österreich, www.snowpark-gastein.com | **Anfahrt** Autobahn über Wörgl, B 312 über St. Johann/Tirol bis Lofer, B 311 über Zell am See bis Lend, B 167 bis Gastein oder Autobahn Kufstein–Salzburg–Villach, Ausfahrt Gasteinertal, B 167 bis Gasteinertal, ab Talstation Gastein in der Stubnerkogelstraße 23 mit der Stubnerkogelbahn, Piste B 11 führt direkt zum Snowpark | **Öffnungszeiten** Dez.–April, Betriebszeiten Stubnerkogelbahn: Dez.–April Mo–So 8.30–15.30 Uhr (ab 20.1. bis 16 Uhr) | **Tipp** In Bad Gastein muss Mann natürlich baden. Das geht hier prima, zum Beispiel in der Felsentherme, die von der Talstation aus durch einen Glasübergang zu erreichen ist.

4 Die Falkensteiner Höhle

Tauchen, klettern, staunen

Das wird kein Spaziergang! Das wird ein echtes Abenteuer. Die Falkensteiner Höhle ist eine aktive Wasserhöhle, hier hat das Flüsschen Elsach seinen Ursprung, bei Hochwasser fließt es direkt aus dem Eingang, ansonsten begleitet es den hartgesottenen Höhlenbesucher auf seinem Weg bis zu drei Kilometer hinein in die feuchte Dunkelheit. Belohnt wird man für den strapaziösen Gang mit dem Blick auf eine sonst verborgene Welt. Kleine Wasserfälle, riesige steinerne Hallen und phantastische Tropfsteinformationen. Allerdings absolviert kein noch so mutiger Mann diesen Trip in seinen italienischen Edeltretern und mit einem Zippo als Lichtquelle. Mehr als einmal schon sind selbst gut vorbereitete Besucher vom plötzlichen Wasseranstieg überrascht und eingeschlossen worden. Höhlenrettungen nach Einschlüssen gibt es in der Falkensteiner Höhle beinahe in jedem Jahr. Zur überlebenswichtigen Ausrüstung gehören deshalb feste Schuhe, die auch Wasser vertragen, Neoprenanzüge für das Durchtauchen der verschiedenen Siphons – das sind die Teile der Höhle, die bis zur Decke voll Wasser stehen –, Verbandsmaterial, Notverpflegung und am besten zwei wasserdichte Lampen! Ohne Licht ist man hier selbst 100 Meter vorm Ausgang verloren.

Am besten ist es ohnehin, für dieses feuchtdunkle und nicht ganz ungefährliche Abenteuer einen Experten zu buchen. Zum Beispiel Frank Roßkamp. Der Höhlenguide, Kletterer und Extremwanderer kennt sich aus in der Welt. Er hat die Sahara mit dem Motorrad durchquert, ist durch den Dschungel von Papua-Neuguinea gelaufen, hat den Urwald von Costa Rica besucht und kennt auch die Falkensteiner Höhle wie die Taschen seiner Outdoorjacke. Er organisiert regelmäßig Touren verschiedener Dauer und unterschiedlicher Anforderung.

Eingehender kann man sich über eine der bekanntesten wilden Höhlen Deutschlands auch bei der örtlichen Arbeitsgemeinschaft Höhle & Karst Grabenstetten informieren.

Adresse südwestlich vom Ortszentrum, nahe der Böhringer Straße, 72582 Grabenstetten, www.hoehlenguide.de, www.arge-grabenstetten.de | Anfahrt A 8, Richtung München, bei Ausfahrt 57-Kirchheim unter Teck-Ost auf B 456 in Richtung Lenningen fahren, links abbiegen auf B 456, links abbiegen auf Kirchheimer Straße / B 456, rechts abbiegen auf Amtgasse / B 456, rechts halten auf Grabenstetter Steige / L 1211, weiter auf Schlattstaller Straße / L 211, weiter auf Uracher Straße / L 211, links abbiegen, um auf Uracher Straße / L 221 zu bleiben, nach 2 Kilometern Parkplatz auf der linken Seite, ab hier zu Fuß etwa 350 Meter bis zum Eingang Falkensteiner Höhle | Tipp In die Vergangenheit dieser Region kann man im Museum Grabenstetten eintauchen. Das beschäftigt sich mit der archäologischen Bedeutung des Heidegrabens, einer Keltensiedlung, die sich hier im 1. Jahrhundert vor Christus befand. Spannende Infos unter www.heidengraben.com.

5 Das Brenners Park-Hotel & Spa

Nicht nur für Staatsmänner

Knirschender Kiesel unter den Reifen des englischen Sportwagens, ein umsichtiger Page nimmt die Wagenschlüssel entgegen, der Concierge grüßt wissend, der Barkeeper lässt den Shaker sanft kreisen, und am anderen Ende der prachtvollen Empfangshalle betritt eine geheimnisvolle Schönheit die Szene.

Im Brenners Park-Hotel & Spa würde sich nicht nur James Bond sehr wohlfühlen. Ein Blick in die Historie zeigt, dass sich die mächtigen Herren ihrer Zeit seit der Eröffnung im Jahr 1872 von diesem Ort magisch angezogen fühlen: Der König von Siam und Laos kehrte 1907 mit seinem Hofstaat hier ein, Helmut Kohl und Jacques Chirac trafen hier aufeinander, Boris Jelzin wohnte im Hotel, Obama und Sarkozy fanden hier zum Gespräch mit der Kanzlerin zusammen.

Doch man muss kein International Leader, kein Elder Statesman und kein Filmstar sein, um dem Zauber dieses Hauses zu erliegen. Das Angebot rund um die einfache Übernachtung, die in den Zimmern und Suiten natürlich auch schon ein Erlebnis ist, ist einfach so durchdacht, so gut, so spektakulär, dass jeder Mann einmal im Leben ein paar Tage in Baden-Baden im Brenners verbracht haben sollte. Dort sind die Betten natürlich sehr bequem, das Essen ist vorzüglich, und die Oleander-Bar hat nicht nur eine einmalige Atmosphäre, sondern auch ein sensationelles Angebot. Was das Grandhotel jedoch zu einem großartigen Ort für echte Männer macht, sind die vielfältigen Spa-Angebote, die rustikalen Grillabende, die ausgesuchten Konzerte, so ungewöhnliche Einrichtungen wie die Klima-Lounge für Oldtimer, aber auch die vom Hotel organisierten Hiking- und Mountainbiketouren.

Und zum Schluss knattert dann der zufriedene Mann mit der mysteriösen Schönheit vom Anfang des Textes im VW T1 aus dem Brenners-Fuhrpark durch den schönen Schwarzwald: Happy End.

Adresse Schillerstraße 4–6, 76530 Baden-Baden, www.brenners.com | **Anfahrt** A 5 Richtung Basel, bei Ausfahrt 51-Baden-Baden auf B 500 Richtung Lichtental/Michaelstunnel, in Baden-Baden auf rechter Spur Richtung Lichtental, im Michaelstunnel rechts Richtung Kongress, an Tunnelausfahrt links, nächste Kreuzung links auf Bertholdstraße in Richtung Brenners Park-Hotel & Spa, rechts auf Schillerstraße | **Tipp** Der Hockenheimring ist nur knapp 90 Kilometer entfernt. Hier kann man verschiedene Erlebnisangebote rund ums Auto buchen. Das Hotel bietet teilweise auch Arrangements an.

6 Das BergWerk

Hoch oben, tief im Berg, mitten im Kino

Wir sind in Hellersdorf, in »Balien« also, in der Herzschlagmetropole Europas. Sexy und pleite und Wowi und Flughafen und Szene hier und Gentrifizierung da. Berlin eben, man! Da wundert es nicht, dass hier nicht einfach irgendwo im nächsten Stadtwald ein netter kleiner Kletterparcours errichtet wird. Hier muss es der größte sein, der größte Indoor-Hochseilgarten Europas, um genau zu sein. Und trotz großer Worte und beeindruckender Superlative vor der Eröffnung steht das Ding tatsächlich, und die Seile glühen hier täglich. Wenn das kein Ort für echte Männer ist. Die Initiatoren des BergWerks haben für ihr Megaprojekt nicht etwa eine Wellblechhalle auf die grüne Wiese gestellt, sie haben im Jahr 2012 für ein paar Milliönchen fünf der Kinosäle des Cinestars im Stadtteilzentrum Helle Mitte umgebaut. Die schiere Macht der Kennzahlen treibt dann auch nicht nur dem Höhenängstlichen den Schwindel in die Knochen. Auf einer Gesamtlänge von 660 Metern in Höhen von bis zu 20 Metern, was sechs Stockwerken entspricht, auf zehn Parcours mit 74 mehr oder weniger anspruchsvollen Kletterübungen kann Mann sich hier mittendrin und doch weit entfernt vom Hauptstadttrubel extremsportlich die Zeit vertreiben. Gesichert von der weltweit modernsten Ausrüstung, so versprechen es jedenfalls die Betreiber.

Die haben bei der Ausgestaltung des BergWerks aber nicht nur nach Barcelona, Boston oder Bangkok geschielt, sondern auch in die hiesigen Berge, ins »scheene« sächsische Erzgebirge, nach Ehrenfriedersdorf bei Chemnitz. Im dortigen Bergwerk holten sich die Berliner Macher einen ganzen Hunt (so nennt man den Förderwagen) voll Inspirationen und Originalrequisiten für ihr Kletter-BergWerk.

Natürlich ist die Anlage nicht nur für hartgesottene Profis konzipiert. Gut ausgebildete Trainer nehmen hier auch jeden noch so ängstlichen Mann an die Hand und führen ihn auf den rechten Baumpfad. Glück auf!

Adresse Kurt-Weill-Gasse 7, 12627 Berlin, www.bergwerk-berlin.de | Anfahrt über A 10/ Berliner Ring bis zur Ausfahrt 3-Berlin-Marzahn, rechts auf L 33/Altlandsberger Chaussee, weiter auf Berliner Straße, links auf Stendaler Straße, BergWerk im Stadtteilzentrum Helle Mitte auf der rechten Seite | Öffnungszeiten Sommerhalbjahr: Mo–So geöffnet, Mo nur nach Anmeldung, jahreszeitlich wechselnde Öffnungszeiten immer aktuell auf der Homepage | Tipp Bis Mitte ist es von hier aus ein Stückchen. Für den Städtetrip vor allem Ferngereister aus dem Westen oder Süden Deutschlands dürfte aber auch Marzahn, die berühmteste aller Plattenbausiedlungen, westlich von Hellersdorf ein echtes Erlebnis sein.

7 Das BMW Werk Berlin

Berliner Luft in den Reifen

Klar, die Regierung fährt BMW. Oder Audi oder Mercedes? Der Nachbar fährt Peugeot oder Škoda. Das ist Geschmackssache, auch Frage regionaler Herkunft und heimatlicher Verwurzelung. Wenn aber eine aktuelle GS Enduro, eine Cruiser R 1200 C, wie sie James Bond fuhr, oder sogar eine gut erhaltene, legendäre R 90 S aus den 70ern mit ihrer ganz eigenen Stimme schnurrend oder fauchend zum Leben erwacht, dann findet sich im benachbarten Straßencafé kaum ein Mann, dem nicht ein wohliger Schauer über den Rücken läuft, der nicht den Kopf verdreht, um einen Blick auf das zweirädrige Baby zu erhaschen.

BMW ist die erfolgreichste deutsche Zweiradmarke, das steht außer Zweifel, und auch international sind die Bayern gut dabei. Obwohl, Bayern ist eigentlich nicht ganz richtig. Natürlich residiert die Konzernleitung weiterhin in München, das Herzstück des bayerischen Motorradbaus hat seinen Sitz aber schon seit einer halben Ewigkeit in Berlin, in Spandau, um genau zu sein. Seit den späten 1930ern ist BMW in der Hauptstadt heimisch. Hat hier erst Flugzeugmotoren – unter anderem für die berühmte JU 52 – gebaut, hat nach dem Krieg und der Demontage der Produktion durch die Alliierten im Zuge der Reparationszahlungen Sicheln und Sensen hergestellt und kurze Zeit später erste Motorradteile. 1966 verließ in Spandau das erste komplette Berliner Motorrad die Werkhalle. Eine BWW R 60/2 war das.

Heute stehen Teile das BMW Werks unter Denkmalschutz. Es gehört trotzdem zu den weltweit modernsten. Alle Modellreihen – R, K, S, F, G und C – werden hier von der mechanischen Fertigung über die Motorenmontage bis zur Lackiererei komplett produziert. Bis zu 700 nagelneue Fahrzeuge am Tag gehen hier durch die Hände von 1.900 Mitarbeitern. Und die gewähren gern Einblicke in ihre Arbeit und in die Geschichte des Motorradbaus, die von diesem Werk in Berlin Spandau aus ganz entscheidend mitgeprägt wurde.

Adresse Am Juliusturm 14–38, 13599 Berlin, www.bmw-werk-berlin.de | Anfahrt über Berliner Ring/A 10 auf A 115, weiter auf A 100, rechts halten auf A 111/E26, Ausfahrt links auf Siemensdamm, weiter auf Nonnendammallee, weiter auf Am Juliusturm, BMW Werk auf der rechten Seite | Öffnungszeiten Werksführungen nach Anmeldung über die Homepage Mo–Fr 9–20 Uhr | Tipp Die Spandauer Zitadelle samt Juliusturm befindet sich am Havelufer beinahe in Sichtweite zum BWM Werk und ist eine der bedeutendsten und besterhaltenen Renaissancefestungen Europas – Museum, Biergarten, Freilichtbühne und einige Künstlerateliers inklusive.

8 Das Computerspielemuseum

Der Traum vom Träumen

Im Traum löst sich jedes Gefühl von Zeit auf. Wer sich schon einmal in einem Computerspiel verloren hat, der weiß, dass das Auftauchen aus der künstlichen Welt ganz ähnlich dem Erwachen aus einem Traum ist. Mit einem Wimpernschlag sind ganze Tage vergangen. Dieser digitalen Träumerei widmen sich bis heute Männer mit einer besonderen Vorliebe. Stundenlang können sie allein vor ihren Hochleistungs-PCs sitzen, ausgestattet mit Lenkrädern, Pedalen, Surround-Systemen, durchstürmen sie Schlachtfelder mit Maschinengewehren, jagen sie die gefährlichsten Rennpisten entlang und kommunizieren über klitzekleine Chatfenster. Oder sie starren gemeinsam auf riesige Flatscreens und spielen sitzend und mit einem Stück Plastik in der Hand stundenlang Fußballturniere mit den Pixelgeschwistern der echten Fußballstars.

Nein, das ist für Außenstehende nicht so leicht zu verstehen. In Europas erstem und einzigem Computerspielemuseum in der beeindruckenden Berliner Karl-Marx-Allee huldigt man dieser Freizeitbeschäftigung als Kunst- und Kulturform, ohne den Spaß, um den es ja schließlich in erster Linie geht, aus dem Blick zu verlieren.

Wer sich wehmütig an kantige Ufos, abgeschossen mit einem seltsam eckigen Laserstrahl in der Spielhalle seiner Jugend, erinnert, an den für das Konfirmations-/Jugendweihegeld erstandenen Commodore 64, an die erste Atari-Konsole oder das erwartungsfrohe Summen der Playstation 1, der wird in diesem Museum seine wahre Freude haben.

Über 300 Exponate vom Nimrod, einem der ersten digitalen Spiele aus dem Jahr 1951, über historische Apple-Geräte, den einzigen Videospielautomaten der DDR bis hin zu Spielhallenklassikern wie Donkey Kong oder Asteroid und aktuellen 3-D-Spielen sind zu sehen, ergänzt durch digitale Kunstwerke und interaktive Installationen.

Und wer sich am Ende auf ganz klassische Weise als echter Mann beweisen will, der legt seine Hand auf die Painstation.

Adresse Karl-Marx-Allee 93a, 10243 Berlin, www.computerspielemuseum.de | **Anfahrt** über A 10 / Berliner Ring auf A 115 in Richtung Berlin-Tegel Flughafen / Berlin-Zentrum / Zehlendorf / Potsdam-Zentrum bis Dreieck Funkturm, rechts Richtung A 100 / Hamburg / Wedding bis Ausfahrt Kaiserdamm, rechts auf Knobelsdorffstraße, rechts auf Sophie-Charlotten-Straße, links auf Kaiserdamm / B 2, B 2 lang geradeaus folgen, wird zur Straße des 17. Juni, rechts auf Ebertstraße, links auf Potsdamer Platz, links auf Leipziger Platz / B 1, B 1 lang folgen, rechts auf Karl-Marx-Allee / B 1, Museum auf der linken Seite, an der Kreuzung zur Straße der Pariser Kommune | **Öffnungszeiten** Mi–Mo 10–20 Uhr, Di geschlossen | **Tipp** Mitten in F-Hain muss Mann nach weiterer Zerstreuung nicht lang suchen, schnell zum Boxi, in die Warschauer oder Simon-Dach-Straße: hohe Kneipendichte, lässige Clubs und all die verdammt coolen Berliner aus Schwaben, Sachsen, Schleswig-Holstein …

9 Der Fernsehturm

Wer hat den größten Turm?!

Auch wenn das mit Sicherheit nicht auf jeden zutrifft, so kann man den Deutschen im globalen Vergleich doch ein gewisses Understatement unterstellen. Man sieht das an der Liste der größten Bauwerke der Welt. Da tauchen deutsche Gebäude selten und auch nur im unteren Mittelfeld auf. Vor allem die männlich geprägten autoritären Regime zeigen aber gern, was sie haben oder was sie gern hätten. In Nordkorea schraubt man beispielsweise schon seit 1987 am Ryugyong Hotel, das mit 330 Metern zu seiner geplanten Eröffnung 1989 das höchste Hotelgebäude der Welt werden sollte.

Während die Kims den Vergleich mit den Pharaonen suchten und eine Pyramide wollten, liegt der Phallusvergleich beim Berliner Fernsehturm schon näher. Sicher machten die Genossen vor allem in den späten Jahren der DDR keinen besonders potenten Eindruck mehr, die therapeutische Wirkung des mit 368 Metern bis heute höchsten deutschen Gebäudes auf Ulbricht oder später Honecker ist jedoch nicht überliefert.

Was überliefert ist, ist der lange Findungsprozess hin zur Eröffnung im Jahr 1969. Im Fernsehturm sind letztendlich der Bedarf an einem anständigen Sendemast fürs DDR-Programm und an einem in Stein gehauenen Machtbeweis vereint. Einem einzelnen Architekten kann man den Bau übrigens nicht zuordnen, der raketenartige Entwurf geht aber auf Hermann Henselmann zurück.

Dass der Fernsehturm noch heute eines der Wahrzeichen Berlins ist, belegen die über eine Million Besucher im Jahr. Die können nach geduldigem Schlangestehen oder cleverem Onlineticketkauf in einen der beiden Aufzüge steigen und sich in 40 Sekunden auf 203 Meter Höhe schießen lassen. Hier in der Kugel findet sich die Panoramaetage, eine Treppe höher das Telecafé samt Restaurant. Und blickt man von der sich drehenden Restaurantplattform über Berlin, dann kann Mann sicher sein: Die Genossen wollten den größten Turm.

Adresse Panoramastraße 1a, 10178 Berlin, www.tv-turm.de | **Anfahrt** über Berliner Ring/A 10 auf A 115, weiter auf A 100 bis zur Ausfahrt Kaiserdamm, rechts auf Knobelsdorffstraße, rechts auf Sophie-Charlotten-Straße, 2. links auf Kaiserdamm/B 2/B 5, rechts auf Ebertstraße, links auf Behrensstraße, rechts auf Friedrichstraße, links auf Französische Straße, links auf Hinter der Katholischen Kirche, Bebelplatz, rechts auf Unter den Linden/B 2/B 5, rechts auf Gontardstraße, Panoramastraße | **Öffnungszeiten** März–Okt. Mo–So 9–24 Uhr; Nov.–Feb. Mo–So 10–24 Uhr | **Tipp** Vom Fernsehturm aus ist man in 10 Minuten bis zur Museumsinsel spaziert. Hier befinden sich das Alte und das Neue Museum, die Alte Nationalgalerie, das Pergamonmuseum und vieles mehr.

10 Die Glienicker Brücke

Kleinod an der Havel und Ende der Welt

Eisig pfeift der Wind von der Havel her durch die breite Königstraße. Eine Eule ruft. War das wirklich eine Eule? Nebel kriecht vom Ufer herauf, hüllt die gespenstisch wirkende Konstruktion aus kaltem Stahl ein. Im Gebüsch bewegt sich etwas. Plötzlich werden auf der anderen Seite mit einem lauten Knall gleißend helle Scheinwerfer eingeschaltet. Motorengeräusch! Eine ganze Kolonne Fahrzeuge nähert sich, ein stumpfgrüner Bus ist darunter. Irgendwo hinter der Lichtquelle werden Befehle gebrüllt. Auf beiden Seiten der Brücke setzen sich zeitgleich kleine Menschengruppen zu Fuß in Bewegung, treffen sich in der Mitte und streben ans jeweils andere Ufer.

Verlässt man das Kopfkino und betritt heute die stählerne, durchaus elegante Brücke, die Berlin und Potsdam verbindet, so offenbart sich hier eine traumhafte Seenlandschaft, gespeist und durchflossen von der Havel.

Als das im Zuge des Zweiten Weltkriegs zerstörte Bauwerk jedoch im Jahr 1949 als »Brücke der Einheit« wieder aufgebaut wurde, wies schon damals der dicke weiße Grenzstrich auf halbem Weg zwischen den Ufern auf die Ironie der Namensgebung hin und machte unmissverständlich klar, dass das, was verbindet, eben auch teilen kann. So wurde die Brücke bereits 1952 für den privaten Autoverkehr und 1953 generell für Zivilpersonen gesperrt.

Degradiert zum »toten« Grenzübergang, war so der historische Grundstein für die Legendenbildung der »Bridge of Spies« gelegt, die sich auf die Vorgänge an lediglich drei Tagen in den Jahren 1962, 1985 und 1986 bezieht.

Damals nutzte man die gute strategische Lage zwischen den beiden Blöcken, um Agenten und Gefangene gegeneinander auszutauschen. Das Bild des russischen Dissidenten und Menschenrechtlers Natan Scharanski, der in zu weiten Hosen in die Freiheit schlurft, ging um die Welt und verhalf der Glienicker Brücke zum Einzug in Pop- und Filmkultur.

Adresse ganz am Ende der Königstraße in Richtung Potsdam, 14109 Berlin | **Anfahrt** A 115 Richtung Flughafen Berlin-Tegel / Potsdam-Zentrum / Berlin-Zentrum / Berlin-Zehlendorf, bei Ausfahrt 6-Potsdam-Babelsberg Richtung Potsdam-Zentrum fahren, Auf Nuthestraße fahren, Ausfahrt B 1 Richtung Berlin-Zehlendorf, rechts auf Berliner Straße / B 1, wird ab Brücke zur Königstraße | **Tipp** Viele der alten Villen entlang der Potsdamer Uferseite befanden sich bis 1989 im Sperrgebiet und wurden meist von militärischen oder Regierungsorganisationen genutzt. Heute ist ein Großteil saniert, öffentlich zugänglich oder privat bewohnt.

11 Der Kollhoff-Tower

Aufs Dach der Macht in 20 Sekunden

Wenn gemeinhin von der Schaltzentrale der Macht die Rede ist, dann muss dieses Haus gemeint sein. Ein beeindruckender Tummelplatz für die Alphatiere des Landes. Klar, nüchtern und eben mächtig mächtig. Hier residieren sie, die Anwälte und Notare, zu deren illustrer Mandantenschaft die liebe Bundeskanzlerin und sogar die ganze Bundesregierung als solche zählen sollen. Fehlen eigentlich nur noch ein unterirdisches Haifischbecken und eine Raketenabschussrampe.

Doch nicht nur der Architekt Hans Kollhoff hat am Potsdamer Platz 1 mächtig geklotzt – die rote Klinkerfassade musste allerdings vor wenigen Jahren noch mal richtig befestigt werden –, auch ThyssenKrupp wollte dem zu revitalisierenden ehemaligen Grenzland hier ganz offensichtlich seine Dosis Adrenalin in die Vene drücken. Dazu entwickelten und bauten die Ingenieure für den gut 100 Meter hohen Turm den bis heute offiziell schnellsten Aufzug Europas. Ein Teufelsgefährt für echte Männer. In 20 Sekunden schießt die kleine, eigentlich ganz gemütlich gestaltete Kabine die Passagiere in eine Höhe von 94 Metern. Während dieser Fahrt kann man versuchen, dem Liftpagen bei seinen Ausführungen zum Haus zu lauschen, wird allerdings mehr damit beschäftigt sein, ständig zu schlucken, um die plötzliche Druckveränderung auszugleichen. Zwar beschleunigen die Ferraris und Porsches, die ganz sicher in der Tiefgarage des Kollhoff-Towers parken, schneller als der Fahrstuhl, aber eben nur horizontal.

Auf dem Panoramapunkt angelangt, kann man dann auf einen martialisch gestalteten, von roten Zinnen gekrönten Rundweg hinaustreten, der einen atemberaubenden Blick über das neue, alte, östliche und westliche (natürlich auch das nördliche und südliche) Berlin ermöglicht. Ergänzt werden die Eindrücke von der sich ständig verändernden Hauptstadt durch eine multimediale Ausstellung zur Geschichte des Potsdamer Platzes. Der Drink im Panoramacafé macht den Besuch perfekt.

Adresse Potsdamer Platz 1, 10785 Berlin, www.panoramapunkt.de | **Anfahrt** über Berliner Ring/A 10 auf A 115, weiter auf A 100 bis zur Ausfahrt Innsbrucker Platz, links auf Hauptstraße/B 1, weiter auf Potsdamer Straße bis zum Potsdamer Platz | **Öffnungszeiten** Nov.–Mai Mo–So 10–18 Uhr; Juni–Okt. Mo–So 10–20 Uhr | **Tipp** Man liest immer von Berlin-Mitte, hier ist man mittendrin: Brandenburger Tor und Regierungsviertel liegen nur einen Steinwurf entfernt.

12 Das Militärhistorische Museum

Eindrucksvoll und schonungslos

Wir blicken angewidert auf die verquere Propaganda der amerikanischen Waffenlobby, wir wünschen uns Weltfrieden und schicken unsere Kinder zu Streitschlichterprogrammen, wir machen Yoga, besinnen uns auf die Macht der Worte, demonstrieren gegen militärische Interventionen und stellen auf unserem Facebookprofil als Weltanschauung »Pazifist« ein. Sehen wir aber im Fernsehen oder im Internet aktuelle Aufnahmen von den ungezählten Konfliktherden dieser Welt, lassen uns im Kino in 3-D und mit Dolby-Surround-Sound das Grauen des Krieges um die Ohren hauen oder betreten das Militärhistorische Museum in Berlin, dann können wir unseren Blick nicht abwenden von der Macht der Gewalt und den grausamen Gerätschaften der Zerstörung und des Todes.

Machen wir uns also nichts vor, der Krieg gehört zu unserem Leben, und dieses riesige Museum auf dem Flugplatz Berlin-Gatow zeigt uns das eindrucksvoll und ebenso schonungslos. Und weil Wegschauen eben nicht hilft, versteht es sich als historischer Lernort. Auf dem Freigelände, im Towergebäude und in den Hangars 3 und 7 finden sich zahllose Großexponate wie Flugabwehrgeschütze, Triebwerke und ganze Flugzeuge verschiedener Epochen, aber auch multimediale Präsentationen zu den historischen Hintergründen und Inszenierungen zum Leben der Soldaten. Das Berliner Museum, wie auch das Haupthaus in Dresden von der Bundeswehr selbst betrieben, versucht dabei, den Menschen in den Mittelpunkt zu stellen, und setzt sich mit dessen Rolle als Opfer und Täter in der durch die militärische Luftfahrt veränderten und teilweise anonymisierten Beziehung der Kriegsparteien auseinander.

Der Flugplatz und die Gebäude stehen unter Denkmalschutz, denn während der Berliner Luftbrücke landete und startete hier gut ein Drittel aller alliierten Maschinen zur Versorgung Westberlins.

Adresse Am Flugplatz Gatow 33, 14089 Berlin, www.mhm-gatow.de | **Anfahrt** A 10 bis Ausfahrt 25-Potsdam-Nord, B 273 in Richtung Potsdam, im Kreisverkehr 2. Ausfahrt / L 92 in Richtung Fahrland, weiter auf L 92 in Richtung Neu Fahrland, links auf Am Wiesenrand / B 2, B 2 folgen in Richtung Groß Glienicke, links auf Potsdamer Chaussee / B 2, rechts auf Am Landschaftspark Gatow, links auf Am Flugplatz Gatow, links Richtung Flugplatz bis Parkplatz | **Öffnungszeiten** Di – So 10 – 18 Uhr | **Tipp** Nur gute drei Kilometer südlich vom Museum liegt der berühmte Berliner Wannsee. Baden geht hier natürlich, auch einen Windsurfing-Club gibt es und all die anderen Verlockungen, die so ein See bereithält.

13 Das Olympiastadion

Von Sport und Macht

Berlin ist seit jeher eine Leinwand der großen Egos. Ob Stadtschloss, Fernsehturm, Kanzleramt, Potsdamer Platz oder der unsägliche Flughafen, noch jede Generation Machtmenschen hat sich hier baulich verewigt. An den meisten dieser Bauwerke schieden sich die Geister ihrer Zeit. Trotz seiner Geschichte scheint das Olympiastadion aber eine Art Konsensbau für die Berliner zu sein. Immerhin 74.064 von ihnen passen heutzutage ins moderne Rund im historischen Mantel.

Doch nicht allein das Fußballspiel des Hauptstadtclubs Hertha BSC macht es zu einem Männerort. Vielmehr ist es die Ästhetik des Architekten Werner March, die den maskulinen Machtwillen seiner Erbauer noch heute erahnen lässt. Die Nazis wollten nach der Machtergreifung Hitlers die internationale Bühne der Olympischen Spiele bestmöglich nutzen. Mit dem Abriss des nur 20 Jahre alten Deutschen Stadions entstand Platz für etwas Großartiges, etwas Schönes – zumindest aus der Sicht Hitlers, der ein Jahr später Albert Speer mit dem Entwurf seiner klobigen Welthauptstadt »Germania« beauftragte.

Im August 1936 drängten sich dann 100.000 Menschen auf den Sitzen des gerade noch rechtzeitig fertiggestellten Olympiastadions, um einen Blick auf Jesse Owens und die anderen Athleten aus 49 Nationen zu erhaschen. Die Propagandaidee der Nazis ging auf.

Nach der Reparatur des Stadions nach dem Zweiten Weltkrieg erhielt es zur Fußball-WM 1974 eine Teilüberdachung, der erneute Anlauf auf die Olympischen Spiele 2000 scheiterte 1993. Zu dieser Zeit stand selbst ein Teilabriss des berühmten Baus zur Debatte. Doch es kam anders, die Sanierung erfolgte ab 2000 bei laufendem Betrieb. Die Architekten Gerkan, Marg und Partner machten aus der maroden Arena ein modernes Haus. 2004 wurde die Eröffnung gefeiert. Die Fußball-WM 2006 fügte der bewegten Geschichte des Olympiastadions ein neues Kapitel hinzu.

Adresse Olympischer Platz 3, 14053 Berlin, www.olympiastadion-berlin.de | **Anfahrt** über Berliner Ring/A 10, auf A 115, weiter auf A 100 Richtung Hamburg/Wedding/Zentrum/Messedamm ICC und Ausfahrt Halenseestraße nehmen, links auf Messedamm, rechts auf Jafféstraße, links auf Heerstraße/B 2/B 5, 1. rechts auf Preußenallee, links auf Westendallee, 1. links auf Olympische Straße, Olympischer Platz | **Öffnungszeiten** April–Mai 9–19 Uhr; Juni–Sept. 9–20 Uhr; Okt. 9–19 Uhr; Nov.–März 10–16 Uhr, bitte beachten Sie die regelmäßig aktualisierten Öffnungszeiten auf der Homepage; das Stadion kann auf eigene Faust oder im Rahmen von Führungen besichtigt werden | **Tipp** Im elektromechanischen Hebelstellwerk am Olympiastadion hat die Arbeitsgemeinschaft Berliner U-Bahn e. V. das Berliner U-Bahn-Museum eingerichtet. Neben der historischen Stellwerkstechnik gibt es Ausstellungsstücke rund um das verhasste und geliebte Fortbewegungsmittel zu sehen.

14 Die Tour de Toilette

Durch Berlin von Klo zu Klo

Ich wollte versuchen, mich von den Klischees fernzuhalten, von Autofahren, vom Geschirrspülmaschineneinräumen, von räumlicher Orientierung und Einfühlungsvermögen, von Shopping-Exzessen und Sauftouren.

Dann bin ich auf dieses Angebot gestoßen und damit auf das Thema Toilette, WC, Klo, 00, auf den Lokus eben. Und dort, an diesem Ort, wird bis heute und ohne Frage ganz klar zwischen den Geschlechtern getrennt. Damen links, Herren rechts. Was hinter den getrennten Türen passiert, ist kein Geheimnis, aber durchaus ein gesellschaftliches Tabu. Und das bricht Anna Haase regelmäßig und besonders gern. »Dit is do voll füan A****«, würde der Berliner vielleicht sagen und hätte damit gar nicht ganz unrecht. Denn die Gästeführerin – seit 20 Jahren im Geschäft, zertifiziert und ausgezeichnet – wollte irgendwann einfach mehr als immer nur die zahllosen, durchaus sehenswerten Kirchen, Parks und Museen besichtigen. So entstand nach monatelanger Recherche eine ganz eigene und eigenartige Führung durch die schöne Hauptstadt: die »Tour de Toilette«. Dieser gut zweieinhalbstündige Rundgang beginnt auf dem Gendarmenmarkt, rechts neben dem Französischen Dom. Genau dort befindet sich nämlich das älteste öffentliche Klo Berlins, ein grünes Häuschen der Bauart »Café Achteck«, so nennt es zumindest der Volksmund. Zu Zeiten seiner Eröffnung im Jahr 1878 war das eine Bedürfnisanstalt nur für Männer, mit sieben Ecken für sieben urinierende Herren und einer für den Eingang. Noch einige von diesen denkmalgeschützten Pavillons finden sich in der Hauptstadt, heute allerdings mit zwei Türen.

Vom ältesten zum modernsten, vom Bahnhofsklo zur Kaisertoilette – Anna Haase erzählt auf ihrer Tour Geschichten um die Toilette und die Entwicklung der Berliner Hygienekultur. Ein Abenteuertrip der besonderen Art, der übrigens im Klo endet, einer Szenekneipe in Charlottenburg.

Adresse Startpunkt der Tour: Gendarmenmarkt 5, 10117 Berlin, www.annahaase.de | **Anfahrt** über A 10/Berliner Ring, auf A 115 in Richtung Berlin-Tegel Flughafen/Berlin-Zentrum/Zehlendorf/Potsdam-Zentrum bis Dreieck Funkturm, rechts Richtung A 100/Hamburg/Wedding bis Ausfahrt Kaiserdamm, rechts auf Knobelsdorffstraße, rechts auf Sophie-Charlotten-Straße, links auf Kaiserdamm/B 2, B 2 lang geradeaus folgen, wird zur Straße des 17. Juni, rechts auf Ebertstraße, links auf Behrensstraße, rechts auf Friedrichstraße, links auf Französische Straße, Dom und Toilette auf der rechten Seite | **Öffnungszeiten** aktuelle Führungstermine finden sich auf der Homepage, individuelle Termine können vereinbart werden | **Tipp** Wer Lust hat, Berlin darüber hinaus aus einer besonderen Perspektive zu entdecken, der kann bei Anna Haase auch eine Tour zum Thema Spionage oder durch die sündige Meile der Hauptstadt buchen.

15 Das Omega-Museum

Auf dem Mond und undercover

Was hätte Buzz Aldrin am Abend des 21. Juli 1969 in sein Weltraumtagebuch geschrieben, wenn ihm seine Speedmaster von Omega, die weltberühmte Moonwatch, nicht auch auf dem Mond die genaue Zeit für den historischen zweiten Schritt auf den Erdtrabanten angezeigt hätte: »Heute Morgen Mond betreten«, wie hätte das denn ausgesehen? Solche Ereignisse brauchen eine Uhrzeit, eine ganz genaue, und für die steht die Schweizer Marke Omega schon seit der Gründung durch Louis Brandt im Jahr 1848. Nur deshalb wissen wir noch heute, dass Aldrin 20 Minuten nach Armstrong, der seine Speedmaster in der Landefähre ließ, weil dort die Zeitanzeige defekt war, um 3.15 Uhr Weltzeit, den ersten Fuß auf den Mond stellte. Genau deshalb – und wer hat den dramatischen Uhrenvergleich schließlich erfunden? – trägt auch James Bond seit zwei Jahrzehnten solch ein Chronometer an seinem nicht altern wollenden kräftigen Agentenarm. Selbst Albert Einstein, der dem Modell Zeit ja bekanntlich nicht unkritisch gegenüberstand, trug eine Taschenuhr von Omega, John F. Kennedy soll bei seiner Amtseinführung eine getragen haben, und Sportstars und Hollywoodgrößen zeigen ihre Edelmodelle auch gern in die Objektive der Fotografen. Seit 1932 sind die Schweizer darüber hinaus offizieller Zeitnehmer der Olympischen Spiele.

Das 2010 nach umfangreichen Renovierungsarbeiten wiedereröffnete Uhrenmuseum befindet sich in Biel direkt gegenüber dem Hauptsitz des Unternehmens, das heute übrigens zur Swatch Group gehört. Zu sehen gibt es hier eine wunderbar präsentierte Sammlung aus 4.000 Armbanduhren und anderen Zeitmessern teilweise berühmter Besitzer, aus Uhrwerken, Instrumenten und Werkzeugen, aus Fotos und Plakaten und vielem mehr. Blickfang ist und bleibt aber die Speedmaster am Arm von Buzz Aldrin, der hier im Museum immer noch vor seiner Mondfähre ausharrt, so als wäre die Zeit stehen geblieben.

Adresse Jakob-Stämpfli-Strasse 96, 2502 Biel, Schweiz, www.omegawatches.com | **Anfahrt** über A5 bis Kreisverkehr, zweite Ausfahrt/Seevorstadt nehmen, weiter auf Route 5, rechts auf Neumarktstrasse, links auf General-Dufour-Strasse, leicht rechts auf Paul-Emile-Brandt-Strasse, Museum auf der rechten Seite an der Ecke zur Jakob-Stämpfli-Strasse | **Öffnungszeiten** Di–Fr 10–18 Uhr, Sa 11–17 Uhr | **Tipp** Nach wenigen Minuten erreicht man die nordöstliche Spitze des Bielersees, von hier aus kann man beispielsweise mit dem Boot ins gegenüberliegende Erlach fahren. Dort gibt es eine Stand-up-Paddling-Station: im Stehen übers Wasser, majestätischer und männlicher geht's ja kaum.

16 Das BunBo

Ein bewegtes Haus für bequeme Entdecker

Ja, der Mann ist ein Entdecker. Er will raus, mit dem Motorrad auf die Route 66, mit den zerschlissenen Boots auf die Straße, er will einen Berg besteigen, ein Krokodil besiegen, eine Insel entdecken, er will zum Mond fliegen. Es zieht ihn hinaus in die Wildnis, denn Gefahr ist ja sein zweiter Vorname. Nun ist es aber auch so, dass Max Gefahr Mustermann ein ziemlich kräftiger Mann ist, ein robustes Exemplar. Da muss die Freiheit schon ganz schön doll ziehen, um den von der Couch zu bekommen.

In Brandenburg, am Plauer See, haben sich findige Männerkenner deswegen etwas ganz Besonderes einfallen lassen: das BunBo. Das BunBo? Klingt schon gefährlich, irgendwie doch nach Dschungel und Lianen und Moskitos und Piranhas … Nein, BunBo ist keine wilde Mutation des Bonobos, sondern ein hybrides Gefährt – halb Bungalow, halb Boot. BunBo also. Eine großartige Erfindung, die dem Feierabendentdecker die Couch bewahrt und trotzdem ein echtes Gefühl von Freiheit schenkt.

Auf solch einem Bungalowboot, angetrieben von der Kraft eines 15-PS-Außenborders, kann Mann dann den Plauer See und die Havel entdecken, die Ruppiner Gewässer oder das Peene-Revier, die Müritz oder sogar das niederländische Friesland. Und all das, ohne auf den Luxus einer gut ausgestatteten Ferienwohnung von, je nach Bedarf, 40 bis 60 Quadratmetern verzichten zu müssen, samt Dusche, separaten Schlafzimmern, Wohnbereich mit Küche, Kamin und einer ausladenden Terrasse, direkt an dem See oder Fluss, den Mann für sein individuelles Freiheitsempfinden gerade braucht. Wo kann er sonst so entspannt, so fokussiert, mit der Angel im Wasser, ein prasselndes Feuer im Rücken, ein Lied auf den Lippen, zum herausfordernden Plätschern der Wellen am Rumpf des schwimmenden Wohnzimmers von der nächsten großen Eroberung träumen. Von der Rosi, dem Amazonas oder dem Weltall: Das BunBo ist ein großartiger Ort für echte Männer.

Adresse Große Mühlenstraße 10, 14774 Brandenburg-Plaue, www.bunbo.de | **Anfahrt** aus Richtung Berlin der B 1 lang folgen durch Brandenburg in Richtung Plaue, hinter der Brücke über den Plauer See von der B 1 rechts auf Große Mühlenstraße | **Öffnungszeiten** Charterservice: Mo–Fr 9–14 Uhr | **Tipp** Brandenburg ist die drittgrößte und älteste Stadt des gleichnamigen Bundeslandes. Von der Friedenswarte aus, einem futuristischen, denkmalgeschützten Aussichtsturm aus den späten 1950ern, kann man sich einen guten Überblick verschaffen.

17 Das Deutsche Auswandererhaus

Drehtür zur Neuen Welt

Hoch schießt die schwarze stählerne Bordwand an der Kaje in den Abendhimmel. Weit legt der junge Mann den Kopf in den Nacken. Zwei Koffer hat er neben sich, im linken Arm die Frau, an seiner rechten Seite drängen sich zwei kleine Mädchen. Der Wind bläst kühl, der Blick zurück geht ins Leere. Was erwartet ihn auf der anderen Seite dieser Welt, wenn er jetzt mit seiner erschöpften Familie dieses Schiff betritt?

Getrieben von Armut, Hungersnöten und religiöser oder politischer Verfolgung, nahmen ab 1830 mehr als sieben Millionen Menschen teilweise noch in Postkutschen den beschwerlichen Weg nach Bremerhaven auf sich, um von dort aus in ein neues Leben aufzubrechen, in Richtung USA, Kanada, Brasilien, Argentinien oder Australien.

Damit war Bremerhaven der bedeutendste deutsche Anlaufpunkt Auswanderungswilliger. Das Deutsche Auswandererhaus widmet sich diesem Kapitel mit seiner äußerst modernen, sehr anschaulichen und liebevoll gestalteten Dauerausstellung seit der Eröffnung 2005. Dabei geben die beeindruckenden und detailgenauen Nachbauten nur den Rahmen für die intellektuelle und emotionale Spurensuche auf den Lebenswegen ausgesuchter realer Auswanderer. Was bewegte diesen Menschen damals, seine Heimat zu verlassen? Welche Entscheidungen musste er treffen? Wie erlebte er die Überfahrt? Welche Herausforderungen begegneten ihm am weit entfernten Ziel? Mit einer Magnetkarte, dem Boarding Pass, folgt man seinem Weg über die verschiedenen Stationen, von der Wartehalle am Hafen über die Schiffsreise bis nach Ellis Island und zum Grand Central Terminal in New York City.

Der Erweiterungsbau aus dem Jahr 2012 schafft den Perspektivwechsel und widmet sich dem Thema Einwanderung. Im Raum für die Familienrecherche kann man den Spuren der eigenen Vorfahren folgen. Das Deutsche Auswandererhaus ist ein Ort echter Pioniere.

Adresse Columbusstraße 65, 27568 Bremerhaven, www.dah-bremerhaven.de | **Anfahrt** A 27 Richtung Cuxhaven, bei Ausfahrt 7-Bremerhaven-Mitte in Grimsbystraße/B 212 Richtung Bremerhaven-Lehe/Bremerhaven-Seebäderkaje einfädeln, nach links weiter auf B 212/Columbusstraße, Museum auf der rechten Seite | **Öffnungszeiten** März–Okt Mo–So 10–18 Uhr; Nov.–Feb. Mo–So 10–17 Uhr (letzter Einlass jeweils eine Stunde vor Schließung) | **Tipp** Bremerhaven ist Hafenstadt, also nichts wie rein ins Boot und den Hafen auf einer der Rundfahrten vom Wasser aus entdecken.

18 Das Hubschraubermuseum

Senkrecht hinauf

Der Hubschrauber ist bis heute eines der faszinierendsten Fortbewegungsmittel. Sein praktischer Nutzen, seine universelle Einsetzbarkeit, seine Erscheinungsform und sein charakteristischer Klang haben ihn längst auch zum künstlerischen Gegenstand werden lassen. Jeder kennt schließlich die Bilder mattgrüner Helikopter, die in niedriger Flughöhe über das dichte Blätterdach des vietnamesischen Dschungels knattern, in der Türöffnung grimmige US-Soldaten mit schweren Waffen und martialischer Gesichtsbemalung. In der Folge des Vietnamkrieges hielt der Hubschrauber Einzug in die Popkultur, fand sich gerade in den 70er und 80er Jahren in vielen Filmen und Fernsehserien wieder.

Heute verkündet das typische Rotorendonnern zum Beispiel an der Côte d'Azur oder in Las Vegas die Ankunft oder Abreise eines Mitglieds der vermeintlichen High Society, im Alltag westlicher Städte mahnt der Überflug eines Hubschraubers zur allgemeinen Vorsicht, erzählt von Verkehrsstaus, Unfällen, Gefängnisausbrüchen oder Militäreinsätzen. Der Senkrechtstarter fasziniert und ängstigt die Menschen zugleich.

In Bückeburg überwiegt ganz klar die Faszination, kein Wunder, schließlich ist das örtliche Hubschraubermuseum 1971 aus dem Engagement der Schüler der benachbarten Heeresfliegerwaffenschule hervorgegangen. Heute zeigt der betreibende Verein auf gerade durch einen Neubau erweiterten 2.600 Quadratmetern in einer europaweit einzigartigen Ausstellung alles rund um die Entstehung des Hubschraubers, die visionären Köpfe hinter den technischen Entwicklungen und die verschiedenen zivilen und militärischen Nutzungsformen. Zu sehen sind 46 faszinierende, teilweise skurrile Drehflügler, Serienmodelle und schräge Prototypen, über 1.000 unterschiedliche Komponenten und zahllose Modelle. Im Hubschraubersimulator wird man als Besucher dann schließlich selbst zum Piloten.

Adresse Sablé-Platz 6, 31675 Bückeburg, www.hubschraubermuseum.de | **Anfahrt** A 2 Richtung Dortmund, bei Ausfahrt 35-Bad Eilsen West auf B 83 in Richtung Bückeburg/Rinteln/Minden fahren, links auf Hasengarten, im Kreisverkehr 1. Ausfahrt (Mindener Straße/K 82), weiter auf K 82, weiter auf Schloßgartenstraße, links auf Am Oberstenhof, weiter auf Sablé-Platz | **Öffnungszeiten** April–Okt. Mo–So 9–18 Uhr; Nov.–März 10–17 Uhr | **Tipp** Auf der Suche nach einem potenten Männerfreund kann man von hier aus mal einen Abstecher zur 500 Meter entfernten Bückeburg machen. Hier lebt der hochadlige Unternehmer Alexander Prinz zu Schaumburg-Lippe. Sein Wohnzimmer öffnet der nicht, aber den Schlosspark. Sehenswert.

19 Das Levi-Strauss-Museum

Das männlichste aller Beinkleider

Frisurentrends kamen und gingen, an den Füßen hatten sie Boots oder Sneakers, doch egal, wann und wo in den vergangenen 60 Jahren eine Rebellion im Gange war, die Rebellen trugen immer Jeans: James Dean, Dennis Hopper, Jimmy Hendrix, Kurt Cobain … Dabei ist die Hose an sich ein ziemlich emotionsloses Kleidungsstück. An ihrer Form kann man nicht viel verändern, Gebrauchsspuren lässt man ihr eher durchgehen als dem Hemd, und der Feinripp sieht die Waschmaschine deutlich öfter von innen.

Bei der Jeans verhält es sich ganz anders. Sie hat Karrieren ermöglicht, ist Kunstobjekt, Sammlerstück und durfte sogar mit in die Badewanne. Sie hat eine Bedeutung erlangt, weit über ihren eigentlichen Zweck hinaus.

Als Löb Strauss, 1829 in Buttenheim geboren, Ende der 1840er Jahre zu seinen Brüdern nach New York ging, die dort einen gut gehenden Textilgroßhandel betrieben, war sein Interesse an der Hose nicht besonders groß. In der Neuen Welt lernte Löb, der sich nun Levi nannte, den Händlerberuf und wurde kurze Zeit später an die vom Goldrausch boomende Westküste gesandt. In San Francisco gründete er die Firma »Levi Strauss«, später »Levi Strauss & Co«, einen Großhandel für Stoffe und Kurzwaren. Zu dessen Kunden gehörte auch der Schneider Jacob Davis. 1872 soll er sich mit der Bitte an Strauss gewandt haben, ihn bei der Vermarktung seiner Erfindung, einer nietenverstärkten Arbeitshose, zu unterstützen. Am 20. Mai 1873 meldeten beide gemeinsam ein Patent an. Die Geburtsstunde der Levi's, die Geburt der Jeans an sich.

In Buttenheim zeigt man im aufwendig restaurierten Geburtshaus von Levi Strauss die Geschichte und den Siegeszug des blauen Denim in einer preisgekrönten und international beachteten Dauerausstellung. 500 Quadratmeter vollgestopft und wohl sortiert mit Geschichte, Geschichten und einzigartigen Ausstellungsstücken aus Vergangenheit und Gegenwart der allgegenwärtigen Levi's.

Adresse Marktstraße 33, 96155 Buttenheim, www.levi-strauss-museum.de | **Anfahrt** über A 73 bis Ausfahrt Buttenheim, in Richtung Ebermannstadt / Eggolsheim / Altendorf, links auf Kellerstraße, rechts auf Marktstraße | **Öffnungszeiten** Nov. – Feb. Di, Do 14 – 17 Uhr, Sa, So und Feiertage 11 – 17 Uhr; März – Okt. Di, Do 14 – 18 Uhr, Sa, So und Feiertage 11 – 17 Uhr | **Tipp** Wenige Kilometer südlich von Buttenheim, in Neuses a. d. Regnitz, findet sich die Single Malt Whisky-Destillerie Blaue Maus. Dort kann man eine Destillerieführung buchen, im angeschlossenen Restaurant kann man in Hafenatmosphäre gut essen und die verschiedenen Brände ausprobieren.

20 Das Weltwirtschaftsforum

Schöne Aussicht vom Gipfel der Macht

Geschichte wird in Washington geschrieben, in Moskau, Peking, in Berlin vielleicht. In der wunderschönen, manchmal etwas verschlafen wirkenden Schweiz schreibt man hauptsächlich Ansichtskarten, vielleicht noch den einen oder anderen Einzahlungsbeleg – so weit das Klischee. Doch wenn die Lenker, die sogenannten Leaders, die politischen, wirtschaftlichen und zivilgesellschaftlichen Gestalter der Welt, den Kopf einmal freibekommen wollen, um abseits üblicher politischer Erwartungshaltungen Probleme zu definieren und Lösungen zu ersinnen, dann kommen sie zum alljährlichen Treffen des World Economic Forums im traumhaften Davos, zwischen alpinen Höhenzügen, Gebirgsflüssen und dem spiegelglatten, glasklaren Davoser See. Ein schöner Ort für echte Männer, hätte man 1971 im Gründungsjahr ohne jede Einschränkung sagen können.

Heute treffen regelmäßig Ende Januar die internationalen Alphatiere beiderlei Geschlechts für fünf Tage im Kongresszentrum Davos aufeinander. Die Organisation und Einladung der Gäste übernimmt die namensgebende gemeinnützige Stiftung unter der Präsidentschaft ihres Gründers, dem deutschen Wirtschaftswissenschaftler Klaus Schwab. Neben, vor und zwischen den offiziellen Veranstaltungen trifft man sich dann natürlich noch bei kleinen informellen Treffen, Empfängen oder Partys. Manchmal hinterlässt das den Eindruck, als würde die Welt hier abseits demokratischer Prozesse unter Insidern aufgeteilt.

Vielleicht sieht das aber auch nur so aus, und die Lenker lenken in Davos einfach mal ihr Mountainbike durch die schöne Berglandschaft, lenken die Skier die vielen gut präparierten Pisten hinunter, lenken die Füße über die atemberaubenden Wanderwege oder den Golfball ins nächste Loch. Davos ist nämlich eine echte Perle inmitten der Schweizer Alpen. Ein Ort für echt mächtige, aber auch echt entspannte Männer. Hier kann der Lenker auch mal ein wenig lazy sein.

Adresse Kongresszentrum Davos, Talstrasse 49a, 7270 Davos, Schweiz, www.weforum.org, www.davos.ch | Anfahrt über A 3 auf A 13 bis Ausfahrt 14-Landquart Richtung Davos, weiter auf Route 28, weiter auf Bahnhofstraße, weiter auf Promenade, Kongresszentrum auf der linken Seite | Tipp Davos ist nicht nur berühmter Luftkurort und ein Platz für alpine Extremsportler, auch der Schweizer Rekordeishockeymeister HC Davos hat in der Vaillant Arena, in unmittelbarer Nähe zum Kongresszentrum, seine Heimspielstätte.

21 Die Galopprennbahn

Pferde, Wetten, Abschlag üben

Oh Mann! Diesen Ort muss man im gepflegten englischen Sportwagen anfahren, hier trifft das aufeinander, wofür sich der echte Gentleman entsprechenden Standes nun mal so interessiert: Galopprennbahn meets 9-Loch-Golfplatz, da ist der Nachmittag gerettet. Da wir aber in Dortmund sind und nicht in Ascot, verpflichtet sich der Adel hier zu nichts. Hier wird vormittags malocht, und am Nachmittag oder an den Wochenenden geht's auf die Bahn zum Wetten.

Seit über 100 Jahren laufen die Pferde schon im Stadtteil Wambel, den Dortmunder Reitverein gibt es sogar schon seit beinahe 130 Jahren. Das Ganze hat hier Tradition und eine durchaus adäquate Heimat gefunden. Stand früher eine steife Brise auf der Tribüne, konnte man nur den Kragen hochschlagen. War es die Freude, die Niederlage oder der Wind, der dem nervösen Herrn mit dem zerknitterten Wettzettel in der Hand die Tränen in die Augen trieb? Man wusste es nicht. Im Winter war die Bahn ohnehin nicht zu gebrauchen. Freunde des Pferdesports kennen die lange Wartezeit auf den frühlingshaften Saison-Startschuss.

In Dortmund hat man dieses Problem längst gelöst. 1981 bereits wurde die Allwetterbahn als erste in ganz Europa eingeweiht, samt Flutlichtanlage. Die Tribüne wurde im Zuge der Umbauarbeiten verglast. Die Besucher saßen jetzt geschützt. Und die Pferde konnten von nun an das ganze Jahr über laufen, im Winter auf der 1.600 Meter langen Sandbahn, im Sommer über 2.000 Meter auf Gras.

Heute gibt es in Dortmund sogar zwei beheizte Tribünen samt Service am Tisch. Das ist ziemlich bequem. Nicht nur deshalb, sondern vor allem wegen der atemberaubenden Rennen ist das legendäre Deutsche St. Leger einer von vielen Pflichtterminen im gut gefüllten Dortmunder Rennkalender. Und wenn mal nichts läuft, dann kann man eben auf dem satten Grün im Innenraum ganz entspannt ein paar Bälle schlagen. Was will Mann mehr?

Adresse Rennweg 70, 44143 Dortmund, www.dortmunder-rennverein.de, www.dortmund.golfrange.de | Anfahrt A 1 Richtung Köln / Frankfurt a. M. / Flughafen Dortmund, am Autobahnkreuz Dortmund / Unna rechts halten und den Schildern B 1 in Richtung Dortmund / Flughafen folgen, weiter auf B 1, Ausfahrt Richtung Hauptfriedhof / Stadtkrone-Ost / Knappschaftskrankenhaus, auf Am Gottesacker fahren, links auf Rennweg | Öffnungszeiten Anlage meist frei zugänglich, Führungen für Gruppen nach vorheriger Anmeldung | Tipp Keine zehn Minuten von der Rennbahn entfernt, in der Eberhardstraße 12, erfährt man, was Dortmund wohl am meisten vom beschaulichen englischen Ascot unterscheidet. Das Hoesch Museum präsentiert am Originalschauplatz die über 160-jährige Geschichte der Stahlindustrie im Ruhrgebiet.

22 Der Signal Iduna Park

Die gelbe Wand steht in der Süd

Der englische Mann kennt das ja: Ein Spiel dauert 90 Minuten, und am Ende gewinnt Deutschland. Ja, es geht um Fußball, und die Engländer, die Bewahrer des heiligen Fußball-Grals, waren sich nicht zu fein, in einem Ranking eines ihrer Leitmedien, der Times, den Signal Iduna Park 2009 zum schönsten Stadion der Welt zu küren. Das ging in Dortmund runter wie Öl, denn dort hatte man das natürlich längst gewusst.

Schon allein ihrer Größe wegen gehört die Heimspielstätte des Ballspielvereins Borussia 09, kurz BVB, in die Top Ten. Schließlich ist »der Tempel« seit dem dreistufigen Ausbau auf dem Weg vom Westfalenstadion zum »Park« mit namensgebendem Großsponsor schlichtweg das Stadion mit dem höchsten Fassungsvermögen der deutschen Liga. 80.645 Fußballfans finden hier Platz. Die Nähe zum Geschehen sorgt in der ehemals ersten reinen Fußballarena Deutschlands auch heute noch für eine ganz besondere Stimmung.

Das Epizentrum der unverwüstlichen Dortmunder Fußballbegeisterung ist aber die Südtribüne, »die Süd«, wie der Fan sie nennt. Sie ist die größte europäische Stehplatztribüne überhaupt. 24.454 BVB-Jünger grölen hier eng an eng, beflaggt mit schwarz-gelben Schals, ihr Team zum Sieg oder trösten es im Falle einer Niederlage. »You'll never walk alone« gehört nicht nur in Liverpool, sondern auch in Dortmund längst zum festen Gesangsrepertoire. Vom Gitter am Unterrang, auf Augenhöhe mit den Spielern also, bis hinauf auf 40 Meter Höhe direkt unter das Stadiondach reicht diese beeindruckende Fan-Phalanx.

Und die Dachkonstruktion, die rundherum alle Tribünen überspannt, schützt nicht nur vor Wetter, sondern reflektiert den schwarzgelben Chor auch lautstark. Da gefriert den Gegnern das Blut in den Adern, während die Borussen auf der Schallwelle zum Sieg reiten. In der jüngeren Vereinsgeschichte hat das zumindest in den Jahren nach 2008 ganz gut geklappt.

Adresse Strobelallee 50, 44139 Dortmund, www.signal-iduna-park.de | **Anfahrt** A 40 bis Ausfahrt Richtung WDR/ZVS, auf Rabenloh und Strobelallee in Richtung Signal Iduna Park | **Öffnungszeiten** Am besten besichtigt man den Tempel natürlich während eines Spiels, im Rahmen der öffentlichen BVB-Stadiontouren erfährt man aber viel Wissenswertes: Mo–Fr 16.15 Uhr, Mi und Fr zusätzlich 12.15 und 14.15 Uhr, Sa, So stündlich zwischen 12.15 und 16.15 Uhr | **Tipp** Im Nordosteck des Stadions zeigt das Borusseum eine emotionale Sammlung zur Geschichte des BVB. Sehenswert.

23 Das Hygiene-Museum

Leben, Sterben, Sex

Keine Angst, meine Herren, niemand soll hier zur Körperpflege genötigt werden. Sollten Ihre Finger aber Flecken auf den Seiten dieses Buches hinterlassen, wäre Händewaschen eine gute Maßnahme. Natürlich geht es im berühmten Dresdner Hygiene-Museum nicht mehr in erster Linie um die Erziehung zur Sauberkeit. Die Volksaufklärung ist seit der Eröffnung des Hauses im Jahr 1912 doch ein wenig vorangeschritten. Heute drehen sich die moderne Dauerausstellung und die vielen hochkarätigen Sonderausstellungen um ganz verschiedene Aspekte der Wahrnehmung des menschlichen Körpers.

Unter dem Titel »Abenteuer Mensch« ist aber vor allem die Dauerausstellung mit ihren 1.300 Exponaten, den Installationen und multimedialen Mitmachangeboten verteilt auf 2.500 Quadratmetern Hauptanziehungspunkt des Dresdner Hauses, dessen Geschichte auf eine Initiative des Industriellen und Odol-Fabrikanten Karl August Lingner zurückgeht.

Auch Männer, ob mit vermeintlich unerschütterlicher Gesundheit gesegnet oder von chronischer Hypochondrie geplagt, können in den sieben weitläufigen Ausstellungsräumen einiges lernen. Vom Bild des Menschen in der modernen Wissenschaft über das Leben und Sterben, Essen, Trinken, Bewegen bis hin zum Erinnern und Denken führt der Weg. Doch auch um das Thema Sexualität macht die Ausstellung keinen Bogen, wird ihrem aufklärerischen Grundgedanken in einem noch heute öffentlich gern verzerrt dargestellten Bereich durchaus gerecht.

Welche Rolle spielte Sexualität in den verschiedenen Epochen, was wurde und was wird als attraktiv angesehen? Welche Signale beeinflussen unsere Partnerwahl? Wie hat sich die sexuelle Praxis verändert? Auch hier macht der Mix aus historischen Ausstellungsstücken wie beispielsweise dem »Anti-Onanier-Apparat«, aus unterhaltsamen Forschungsergebnissen und aus interaktiven Angeboten den Reiz des Hygiene-Museums Dresden aus.

Adresse Lingnerplatz 1, 01069 Dresden, www.dhmd.de | Anfahrt A 4 Richtung Dresden, bei Ausfahrt 81a-Dresden-Hellerau auf B 170 Richtung Dresden-Zentrum, rechts auf Radeburger Straße / B 170, rechts auf Hainstraße / B 170, links auf Große Meißner Straße / B 170, rechts auf Carolaplatz / B 170, links auf Grunaer Straße, rechts auf Blüherstraße, rechts auf Lingnerplatz | Öffnungszeiten Di – So, Feiertage 10 – 18 Uhr | Tipp Schräg gegenüber, in Sichtweite zum Museum, befindet sich das Glücksgas-Stadion, das ehemalige Rudolf-Harbig-Stadion, die Heimspielstätte der sagenumwobenen, berühmt-berüchtigten SG Dynamo Dresden.

24 Das Survivaltraining

Schöne Natur, extreme Natur

Zahnbürste, Nagelschere, Wechselbuxen, feste Schuhe, die teure Funktionsjacke, einen guten Arzt, ein Zweithandy, das Notebook, den Kindle, je nach Religion Bibel, Koran oder Tora, einen Bausparvertrag, eine Vertragswerkstatt, Bonusheft, Rentenansprüche und ein Süddeutsche-Abo: Allzu viel braucht der moderne Mensch gar nicht zum Überleben.

Führen ihn aber eine Autopanne inmitten eines Funklochs, ein alkoholgeschwängerter Ausflug ins mallorquinische Hinterland, schiere Selbstüberschätzung oder die Postapokalypse zurück auf das zivilisatorische »Los«, dann ist es gut, wenn Mann seine Lektion bei einem Survivaltraining gelernt hat.

EarthTrail mit Sitz in Dresden bietet solche Trainings und Wildniskurse an. Dabei lassen die Organisatoren nichts aus: vom klassischen Feuermachen und Notunterkunftsbau über die Orientierung im Gelände, Erste Hilfe und Nahrungsversorgung durch Pflanzen und Tiere bis hin zu Fluchtszenarien, urbanem Überlebenskampf im Katastrophenfall und Selbstverteidigung in unterschiedlichen Lebenssituationen. Natürlich geht es dabei auch um Spaß, um Leben mit der Natur und um gemeinschaftliche Erfahrungen, in erster Linie sind die Angebote aber vollkommen ernst gemeint.

Damit der Lerneffekt möglichst groß ist, entwickeln Pädagogen, Outdoorexperten, Kampfsportler und Psychologen die verschiedenen Touren, die man nach den bereits vorhandenen Fertigkeiten und persönlichen Vorlieben auswählen kann. Die Kurse finden dann an den jeweils passenden Orten im Dresdner Umland oder auch in Mecklenburg statt. Als urbaner Dschungel kann natürlich nur Berlin eine adäquate Herausforderung sein. Wer Angst hat, dass die EarthTrail-Leute die Kursgebühren letztendlich auch nur in Zweithandy, Notebook oder Kindle investieren, kann aufatmen: Zehn Prozent der Einnahmen gehen an humanitäre Projekte zum Erhalt natürlicher Lebensräume.

Adresse Büroanschrift: c/o Christian Dost, Radeberger Straße 31, 01099 Dresden, www.earthtrail.de | **Anfahrt** je nach Tour verschiedene Orte im Elbsandsteingebirge südöstlich von Dresden (Sachsen) und der Feldberger Seenlandschaft (Mecklenburg-Vorpommern) | **Öffnungszeiten** aktuelle Termine auf der Homepage, Teilnahme nur nach Anmeldung | **Tipp** Die Elbe durchfließt nicht nur Dresden, sondern auch das Elbsandsteingebirge, verschiedene Anbieter organisieren von hier aus Paddeltouren, die rein theoretisch mit der Strömung bis Hamburg führen können.

25 Das Tauchrevier Gasometer

Eintauchen in die Industriegeschichte

Stählernes Hämmern, kreischende Werkssirenen, ratternde Güterzüge vor der Kulisse eines Gebirges aus grau-roten Fabrikquadern, die unter einer dichten Glocke aus Kohlenstaub bis an den Horizont reichen. Man musste die Augen damals nicht öffnen, um zu wissen, dass man wieder zu Hause im Revier ist, man konnte es hören und schmecken. Bilder, die das Ruhrgebiet im 20. Jahrhundert geprägt haben, bis heute Identität stiften.

Doch diese Zeiten sind vorbei: Im Duisburger Norden wurde das 1901 gegründete Hüttenwerk der August Thyssen Aktiengesellschaft aufgrund einer Überkapazität auf dem europäischen Stahlmarkt bereits 1985 geschlossen. Zurück blieb zwischen den Stadtteilen Meiderich und Hamborn eine gigantische Industriebrache von über 200 Hektar, die über die Jahre verwilderte. Einem Abriss stellte sich eine starke Bürgerinitiative entgegen.

Die Idee, im Rahmen des damals gerade im Entstehen begriffenen Landschaftsparks Duisburg-Nord auf dem Gelände des alten Hüttenwerks ein Tauchzentrum einzurichten, geht bereits auf das Jahr 1993 zurück. Drei Jahre später begannen die Arbeiten am stillgelegten Gasometer. Ab 1998 wurde das Indoortauchbecken vom ansässigen Tauchverein genutzt, seit 2001 ist öffentliches Tauchen im Rahmen einer kommerziellen Vermarktung möglich. Die beeindruckenden Eckdaten machen die Anlage zu Europas größtem Indoortauchgewässer mit einem Durchmesser von 45 Metern, einer Tiefe von 13 Metern und einem Wasserinhalt von 21 Millionen Litern.

Entdecken können Profis auf eigene Faust oder Anfänger unter Anleitung im je nach Jahreszeit sieben bis 26 Grad kalten oder warmen Wasser ein versunkenes Schiffswrack, ein Flugzeug, ein künstliches Riff, ein archäologisches Feld und vieles mehr. Nicht nur Tauchschüler trainieren im Duisburger Gasometer, auch Spezialkräfte von Feuerwehr und Polizei, echte Männer also.

Adresse Emscherstraße 71, 47137 Duisburg, www.tauchrevier-gasometer.de | **Anfahrt** A 3 bis Autobahnkreuz Oberhausen-West, rechts auf A 42 Richtung Kamp-Lintfort / Venlo, A 42 bis Ausfahrt 7-Duisburg-Neumühl in Richtung Duisburg-Meiderich, rechts auf Emscherstraße | **Öffnungszeiten** öffentliches Tauchen nach rechtzeitiger Voranmeldung Sa, So 9 – 17 Uhr | **Tipp** Der Landschaftspark Duisburg-Nord in der ehemaligen Industriebrache bietet einiges für echte Männer, so auch einen Klettergarten und einen Hochseilparcours. Infos unter www.landschaftspark.de.

26__Die Classic Remise

Das Paradies!

Quentin Tarantino drängt sich als Pate für dieses Buch geradezu auf. In die von Barth bis Schwarzer beackerten Missverständnisse männlicher Vorlieben bringt er in seinen Filmen eine seltene Klarheit. So braucht seine Figur Vincent Vega im Meisterwerk »Pulp Fiction« nur eine Dialogzeile, um das Thema Automobil abzuhaken: »Es gibt nichts Feigeres, als sich am Auto eines Mannes zu rächen. Der Wagen eines anderen Mannes hat tabu zu sein, das verstößt gegen die Regeln.« Doch in Zeiten von Carsharing und kleinwagenteuren Lastenfahrrädern für die umweltbewusste Akademikergroßfamilie gibt es viele logische Argumente, die gegen das Auto als Symbol des Fortschritts und der individuellen Unabhängigkeit sprechen. Vincent Vegas Nachdenken über die Beziehung Mann–Auto legt aber nahe, dass es dabei gar nicht um logische Argumente geht, sondern um Liebe.

Die Classic Remise in Düsseldorf ist neben dem Pendant in Berlin und nur weniger ähnlicher Objekte in Deutschland, Österreich und der Schweiz das Liebesnest für die Pflege dieser romantischen Beziehung der vornehmlich männlichen Liebhaber zu ihrem Oldtimer, Youngtimer, Traumwagen. Glänzender Lack in allen Farben blendet hier den verzückten Blick des geneigten Besuchers. Der Geruch nach Gummi und Benzin lässt Erinnerungen an den ersten Käfer/Trabant/Fiat/Ford wach werden und an die Idee von Geborgenheit, Rückzug und Unbegrenztheit; heute hier, morgen dort und immer ein wenig zu Hause.

Die Classic Remise versteht sich als Kompetenzzentrum für Oldtimer und Liebhaberfahrzeuge, als Erlebniswelt der Schönsten, Besten, Schnellsten, Kuriosesten. Zahllose Fachbetriebe rund um die Werterhaltung automobiler Träume haben sich in der sanierten Industriekulisse angesiedelt. Die Ergebnisse ihrer Arbeit werden von den Fahrzeugeigentümern in den privat angemieteten Glasboxen stolz präsentiert und warten auf die nächste Ausfahrt und staunende Besucher.

Adresse Harffstraße 110a, 40591 Düsseldorf, www.remise.de | **Anfahrt** A 46 Richtung Neuss / Düsseldorf, Ausfahrt Richtung D-Wersten, rechts auf Kölner Landstraße, rechts auf Harffstraße | **Öffnungszeiten** Mo–Sa 8–20 Uhr, So und Feiertage 10–20 Uhr, Führungen nach vorheriger Anmeldung | **Tipp** Ob Kraftwerk, Die Toten Hosen oder Westernhagen, Düsseldorf ist ein Hort moderner Popmusik. Einem, wenn nicht *dem* Wegbereiter hat man deshalb auch ein Museum in der Stadt gewidmet. Die Elvis-Presley-Ausstellung in der Flinger Straße zeigt die weltweit größte private Sammlung von Besitzstücken des King of Rock 'n' Roll außerhalb der USA.

27 Die Gaststätte Röhrl

Im ältesten Wirtshaus der Welt

Zurück zu den Wurzeln, danach sehnt sich der Mann doch, zumindest ab und zu. Einmal all die Probleme der Gegenwart hinter sich lassen, raus – am besten nach Franken – und nur Mann sein. Das geht ganz allgemein in der Kneipe und mit der hilfreichen Unterstützung geistiger Getränke schon ganz gut, noch besser geht es natürlich im ältesten Wirtshaus der Welt, der Gaststätte Röhrl, auch Röhrl-Wirt genannt! Eine kleine Einschränkung gibt es beim Umgang mit solchen Superlativen ja immer, gemeint ist hier also der durchgehende Betrieb seit Eröffnung. Die ist dafür vom Wächter der Superlative schlechthin, dem Guinnessbuch der Rekorde, bestätigt und wird auf 1658 datiert. Für alle, die jetzt die Finger oder den Taschenrechner bemühen, 2013 waren das ganze 355 Jahre, da kann die vergilbte Eckkneipe zu Hause einpacken.

Und weil der andauernde Genuss von Bier oftmals die Streitlust entfacht, sei allen Gästen mit Stammtischdiplom oder höherem akademischem Kneipengrad zugestimmt, das MDCLXV am Erker über der Eingangstür bedeutet tatsächlich 1665 und bezieht sich wohl nicht auf die Eröffnung, sondern auf den Wiederaufbau oder Umbau nach dem Dreißigjährigen Krieg. Da kann man aber Karin Kutzi oder Muk Röhrl bei einem Besuch einfach persönlich fragen, die betreiben die Gaststätte nämlich schon in der sensationellen 11. Generation!

Und wenn sich ein Wirtshaus, und nie war dieser etwas altmodische Begriff treffender, so lang am selben Standort hält, dann muss es dafür einen Grund geben. Und es gibt mehr als einen: Der Röhrl-Wirt ist einfach richtig gut. Gutes Essen, gutes Bier, Röhrlbräu von der Verwandtschaft aus Straubing, eine authentische Atmosphäre, die aber keinesfalls verstaubt daherkommt, ein junges und freundliches Team und eine wunderschöne Anlage mit ganz verschieden großen Gasträumen und einem traumhaften Biergarten unter riesigen Kastanien.

Adresse Regensburger Straße 3, 93161 Eilsbrunn, www.gaststaette-roehrl.de | **Anfahrt** A 3 Richtung Passau/Regensburg, bei Ausfahrt 97-Nittendorf in B 8 einfädeln, links abbiegen auf R14, rechts auf Regensburger Straße/R31, links auf Eilsbrunner Weg, weiter auf Am Weinberg, links auf Regensburger Straße | **Öffnungszeiten** Mai–Sept. Mo–Fr ab 17 Uhr, Sa, So, Feiertage ab 11 Uhr; Okt.–April Mo, Fr ab 17 Uhr, Sa, So, Feiertage ab 11 Uhr | **Tipp** Vielleicht lieber vor dem Besuch beim Röhrl-Wirt einplanen: Regensburg mit seiner direkt an der Donau gelegenen Altstadt – seit 2006 auf der UNESCO-Welterbeliste – ist garantiert auch für Männer einen Besuch wert.

28 Das Luftbrückenmuseum

»Ihr Völker der Welt, schaut auf diese Stadt!«

Money makes the World go round? In Berlin war das 1948 ganz anders. Die Währungsreform der westlichen Besatzungsmächte, die nach einer sich zuspitzenden gegenseitigen Blockadepolitik ohne Absprache mit der sowjetischen Führung erfolgte, war der finale Auslöser für das Schließen der Versorgungskorridore nach Westberlin durch die Rote Armee.

Die ausgebombte ehemalige Reichshauptstadt Berlin war zu dieser Zeit noch immer in einem desolaten Zustand und vollkommen von der Versorgung von außen abhängig. Also drehten die Sowjets den amerikanischen und britischen Truppen und den über zwei Millionen Menschen in den Berliner Westsektoren den Strom ab, schlossen alle Straßen und die Wasserwege. »Ihr Völker der Welt, ihr Völker in Amerika, in England, in Frankreich, in Italien! Schaut auf diese Stadt und erkennt, dass ihr diese Stadt und dieses Volk nicht preisgeben dürft und nicht preisgeben könnt!« So rief der damalige Berliner Bürgermeister Ernst Reuter mit heiserer Stimme. Die Briten und Amerikaner erhörten Reuter und handelten entschlossen. Praktisch über Nacht organisierten sie eine beispiellose Hilfsaktion und übernahmen die Versorgung Westberlins aus der Luft. Mit dem Start der ersten Maschine begann am 25. August 1948 die berühmte Berliner Luftbrücke, für fast ein Jahr der einzige Weg in die Enklave.

Der Fliegerhorst Faßberg war damals einer der wichtigsten Pfeiler dieses Unternehmens. Vor allem Kohle für Heizung und unabhängige Stromversorgung ging von hier aus auf den Weg auf die über 200 Kilometer lange Reise. Über 500.000 Tonnen sollen es gewesen sein, bis zu 450 Starts und Landungen weist die Statistik nach. Das Luftbrückenmuseum erinnert unaufgeregt und an authentischer Stelle an diese logistische Meisterleistung und an die Zusammenarbeit der Alliierten mit deutschen Zivilhelfern, bis der »Sieg über die Macht der Finsternis besiegelt« war (Reuter).

Adresse Waldweg, 29328 Faßberg, www.luftbrueckenmuseum.de | **Anfahrt** A 7 Richtung Hannover, bei Ausfahrt 44-Soltau-Ost auf B 71 / B 209 in Richtung Munster fahren, auf An der Bundesstraße fahren, im Kreisverkehr 3. Ausfahrt (Wietzendorfer Straße / K 10) nehmen, auf K 10 bleiben, links auf K 38, links auf Reddingen / K 11, rechts auf Poitzen / L 240, links auf Poitzen / L 240, rechts auf Poitzen, weiter auf Zum Poitzer Bahnhof, links auf Müdener Weg / K 79, weiter auf Große Horststraße, rechts auf Waldweg | **Öffnungszeiten** Ende März – Ende Oktober Mo – Do, Sa, So 13 – 17 Uhr | **Tipp** Wer es nicht so mit dem Fliegen hat, der kann im Nachbarort Müden ein Kanu leihen und auf dem Flüsschen Örtze durch die schöne Lüneburger Heide schippern.

29 Der Flugsimulator

Tollkühne Männer in ihren fliegenden Kisten

Außenstehende können sich nur schwerlich in solch mythische Berufsbilder wie Neurochirurg, Atomphysiker, Finanzanalyst oder Jumbopilot hineindenken. Was der Taxifahrer oder die Metzgerin da machen, was Bauarbeiter oder Lehrerinnen den lieben langen Tag verzapfen, das scheint greifbarer. Während der Trend zur Zweitmeinung jedoch längst am Mythos des Halbgottes in Weiß kratzt, man Finanzanalysten ohnehin in der Vorhölle verortet und Atomphysiker als ungefährliche Nerds (Duden: sehr intelligenter, aber sozial isolierter Computerfan) abgetan werden, fliegen dem Piloten noch immer die Herzen der Frauen und die Bewunderung der Männer gleichermaßen zu. Wenn der lässig-launige Flight Captain seine Begrüßung über den Bordfunk nuschelt, legen wir unser Leben mit kindlichem Vertrauen in dessen Hände und lassen uns bereitwillig in einem 40-Tonnen-Monster mit 900 Kilometern in der Stunde durch die Luft schießen.

Es gibt also einige Gründe, diesem Mythos nachzugehen. Am besten steigt Mann dafür selbst ins Cockpit. Unweit des Flughafens Frankfurt/Main ist das möglich, zumindest virtuell. Denn hier findet sich die bundesweit größte Flotte an sogenannten Fullflight-Simulatoren. Die komplexen Simulationsmaschinen, die täuschend echte Flugerlebnisse erzeugen und ansonsten von der Lufthansa für das Pilotentraining genutzt werden, vermarktet die Firma Pro Flight für private Erlebniszwecke. Ob die berühmte Boeing 737, die 747 – der eigentliche Jumbojet also –, der dreistrahlige Frachtflieger MD11 oder der gigantische Airbus A380 – hier findet jeder Mann den passenden Jet. Im Rahmen der unterschiedlichen Pakete kann der geneigte Erlebnispilot dann nicht nur den Flieger, sondern auch die Flugstrecke und den Flughafen frei wählen. Und egal, ob der Teilnehmer an einem Berg zerschellt, den Jet sauber aufsetzt oder am Ende unter Übelkeit leidet, eine Erkenntnis bleibt: Der Mythos Pilot lebt.

Adresse Airportring, Tor 24, 60549 Frankfurt am Main, www.proflight.com | **Anfahrt** über A3 bis Ausfahrt 49-Kelsterbach in Richtung B43 Frankfurt/Flughafen Frankfurt/F-Höchst/Flughafen Cargo Center/Köln, Ausfahrt Richtung Flughafen/Cargo Center, auf Querspange Kelsterbach, rechts auf Airportring/K823 (Schilder nach Walldorf), rechts auf Parkplatz | **Öffnungszeiten** nur nach Terminvereinbarung im Rahmen der Buchung | **Tipp** Der benachbarte Flughafen Frankfurt/Main bietet seinerseits verschiedene Erlebnisprogramme an. Von der Minitour für Kurzentschlossene bis zur Feuerwehrtour kann man je nach Interesse unterschiedlich tief in das Flughafengeschehen eintauchen.

30 Das M-Steakhouse

Fleisch at its best

Wenn Mann männlich essen will, dann muss er nicht in der Systemgastronomie standardisierte Burger verdrücken oder im nächsten XXL-Restaurant Schnitzel im DIN-A 3-Format reißen, nein, er kann auch stilvoll und zivilisiert an eine Dosis Qualitätsfleisch gelangen. Zum Beispiel im M-Steakhouse in Frankfurt: Hier bekommt er nicht irgendein Steak, er bekommt einfach das Beste, das es für Geld in der Stadt am Main zu kaufen gibt.

Und das in wirklich großartigem Ambiente – detailverliebt in Holz, Leder und Metall, dezent und authentisch dekoriert, ohne den geringsten Anflug von Kitsch oder Folklore; edel, rau, dunkel und gemütlich – und streng der Tradition großer amerikanischer Vorbilder verpflichtet. Zum Beispiel dem Gallagher's in New York City, dort brutzelt man schon seit den 20er Jahren des vergangenen Jahrhunderts Steaks. Und die kommen bekanntermaßen nicht vom deutschen Hausschwein, sondern vom Rind. So bekommt man auch im M-Steakhouse in Frankfurt vom Rib-Eye-Steak über Rumpsteak bis zum riesigen Porterhouse für zwei alles, was das Herz des zivilisierten Fleischfressers begehrt – gelagert, am Tisch präsentiert und dann schonend im Oberhitzegrill zubereitet. Wer diesem kulinarischen Erlebnis verfällt und sich über Jahre regelmäßig im Restaurant in der Feuerbachstraße sehen lässt, der bekommt nicht nur ein personalisiertes Reservierungsschild, sondern als finalen Ritterschlag irgendwann auch noch das eigene Steakmesser.

Wer aber nicht so oft in der Mainmetropole unterwegs ist, muss zumindest auf den edlen Rohstoff dieses Restaurants nicht verzichten. Das digitale Pendant, das E-Steakhouse, versendet Steaks vom Nebraska Beef oder auch vom Kobe Beef in allen Größen luftgepolstert, styroporgedämmt, trockeneisgekühlt per Kurier quer durch ganz Deutschland und ins Ausland auf Anfrage.

Dann – auch wenn der Amerikaner diese Formel nicht kennt – guten Appetit!

Adresse Feuerbachstraße 11a, 60325 Frankfurt am Main, www.mook-group.de, www.e-steakhouse.de | **Anfahrt** A 5 bis Autobahnkreuz 18-Nordwestkreuz Frankfurt, rechts halten und den Schildern A 66 in Richtung Frankfurt-Miquelallee/Frankfurt-Stadtmitte/A 66 folgen und weiter auf A 66 bis Ausfahrt 21-Frankfurt am Main-Miquelallee Richtung F-Eschersheim/F-Ginnheim/Nordweststadt, rechts halten, Beschilderung in Richtung Messe/Universität/Hauptbahnhof folgen und weiter auf Miquelallee/B 8, links auf Bockenheimer Landstraße, rechts auf Feuerbachstraße | **Öffnungszeiten** Mo–Fr 12–15 und 18–24 Uhr, Sa 18–24 Uhr | **Tipp** Keine fünf Minuten vom M-Steakhouse entfernt findet sich das Surf'n Turf desselben Betreibers, und der ergänzt seine Edelsteaks dort noch mit Meeresfrüchten. Surf and Turf eben. Bestenfalls liegen sich dort auf einem Teller ein halber Hummer und ein Rinderfilet gegenüber.

31 Die Brauerei Weihenstephan

Der Berg der Bierpropheten

Willkommen bei Weihenstephan, im Kompetenzzentrum deutschen Bieres. Hier in Freising hat man alles, was es dafür braucht: einen Berg, ein ehemaliges Kloster und eine traumhafte Aussicht – für den traditionellen Teil. Moderne Anlagen zum Maischen, Gären, Abfüllen – Bierhightech State of the Art. Und die Nähe zur Technischen Universität München und deren Wissenschaftszentrum für Ernährung, Landnutzung und Umwelt für die Zukunftssicherung der Zunft und des kühlen Blonden. Als semiprofessioneller Bierkenner, als Konsument also, liegt man bereits mit dem kühlen Blonden daneben. Der studentische Guide auf der Biertour durch die älteste Brauerei der Welt stellt recht schnell klar, dass hier hauptsächlich Weizen gebraut wird, nix blond also, eher weiß. Und ja, kühl lagert auch der angehende Diplombraumeister sein Bier, im Keller, nicht auf dem Balkon, des Lichtes wegen. Aber so kalt, wie es aus dem Zapfhahn mancher Kneipe fließt oder aus dem WG-Kühlschrank serviert wird, würde der Profi das sowieso nicht anrühren, denn die Kälte täuscht über Geschmacksfehler hinweg, deshalb verkostet der Brauer bei 20 Grad. Davor wird man als Besucher der Brauerei, die seit 1040 offiziell Brau- und Schankrecht besitzt, bewahrt. Neun Grad hat das »Vitus«, das beste Bier der Welt 2011, ein Weizenbock mit 7,7 Prozent Alkohol, das schon mal vor der Tour ausgeschenkt wird, während der Imagefilm im Museumsraum auf das Erlebnis Weihenstephan einstimmt.

Begibt man sich dann auf den Weg des Bieres durch die moderne Brauerei, kann man tief in die Prozesse der Herstellung und Vermarktung eintauchen: Chemische Details, modernste Technologie, globale Wirtschaft und beeindruckende Geschichte, abgerundet durch eine Verkostung. Neben dem traditionellen Weizen gibt's dann doch auch kühles Blondes, aber auch dunkles, alkoholfreies und sogar koscheres Bier. Prost oder Shalom!

Adresse Alte Akademie 3, 85354 Freising, www.weihenstephaner.de | **Anfahrt** A 9 Richtung München, bei Ausfahrt 67-Allershausen Richtung Erding / Freising / Hohenkammer fahren, rechts auf Münchener Straße / St2054, weiter auf St2084, rechts auf Griesfeldstraße, links auf Vöttinger Straße / St2339, rechts halten auf Weihenstephaner Steg, geradeaus auf Alte Akademie | **Öffnungszeiten** Führungen nur nach Anmeldung: Mo 10 Uhr, Di 10 und 13.30 Uhr, Mi 10 Uhr | **Tipp** Ein Mann, ein Dom. Der ehemalige Erzbischof des Bistums München-Freising, Joseph Kardinal Ratzinger, hat auf dem Domberg zu Freising nicht nur studiert, auf sein Betreiben hin empfangen junge Priester bis heute hier die Priesterweihe. Auf dem Domberg befindet sich das Diözesanmuseum samt Ausstellung zu Benedikt XVI.

32 Das Zeppelin Museum

Die brennende Zigarre des Grafen

Über lange Jahre als verrückt belächelt, wurden die Erfinder, die sich dem Traum vom Fliegen verschrieben hatten, mit zunehmenden Erfolgen zu Flugpionieren. Echte Kerle also, wie sie im Buche stehen. Ende des 19. Jahrhunderts, als der Flugzeugbau noch in den Kinderschuhen steckte, schien die Zukunft des Fliegens den Luftschiffen zu gehören.

Ferdinand Graf von Zeppelin trieb deren Entwicklung unter Spott und Hohn, aber trotzdem beharrlich und optimistisch voran. So wurde er zu einem der frühen Stars der Luftfahrt, dessen Glanz vor allem von den dramatischen Bildern der brennenden »Hindenburg« getrübt wird, die allerdings erst 1937, beinahe 20 Jahre nach Zeppelins Tod, verunglückte.

Der Graf war bereits 1863 bei einem Aufenthalt als Beobachter des Amerikanischen Bürgerkrieges zum ersten Mal in die Luft gegangen, allerdings mit einem Ballon. Ein Erlebnis, das ihn nicht losließ und das nach seinem Ausscheiden aus der Armee in der Idee der Weiterentwicklung hin zu einem lenkbaren Luftschiff mündete. Nach einigen Unwägbarkeiten bei der Finanzierung stieg die LZ 1 im Juli 1900 über dem Bodensee auf. Der Kroate David Schwarz hatte beinahe parallel einen ganz ähnlichen Prototypen gebaut. Zeppelin kaufte Schwarz' Patente nach dessen frühem Tod, und sie hielten Einzug in die Weiterentwicklung des Luftschiffbaus.

In Friedrichshafen am Bodensee, unweit also von Zeppelins Geburtsstadt Konstanz, widmet sich die weltweit größte Sammlung ihrer Art dem Mythos Zeppelin, den gigantischen Luftschiffen, ihrem Erfinder und seiner Zeit. Auf etwa 4.000 Quadratmetern sind beispielsweise beeindruckende Originalteilnachbauten der berühmten Hindenburg zu sehen, eine erhaltene Motorgondel des LZ 127 »Graf Zeppelin« oder eine Luxuskarosse vom Typ Maybach »Zeppelin«, die nach dem Verbot des Luftschiffbaus durch den Versailler Vertrag entwickelt wurde.

Adresse Seestraße 22, 88045 Friedrichshafen, www.zeppelin-museum.de | Anfahrt A 96 Richtung Lindenau, bei Ausfahrt 3-Sigmarzell auf B 308 / B 31 in Richtung Scheidegg / Flughafen Friedrichshafen, rechts auf B 31, Ausfahrt Richtung Fähre Schweiz / Friedrichshafen-Ost / Stadtmitte, auf L 328a fahren, bei Montfortstraße links, nächste rechts auf Parkplatz | Öffnungszeiten Mai – Okt. Mo – So 9 – 17 Uhr; Nov. – April Di – So 10 – 17 Uhr | Tipp Nur zehn Minuten entfernt, in der Allmannsweiler Straße 132, liegt die Werft der Deutschen Zeppelin-Reederei, die seit den 1990ern moderne Luftschiffe baut. Von hier aus kann man nach vorheriger Buchung selbst auf Luftschifffahrt gehen.

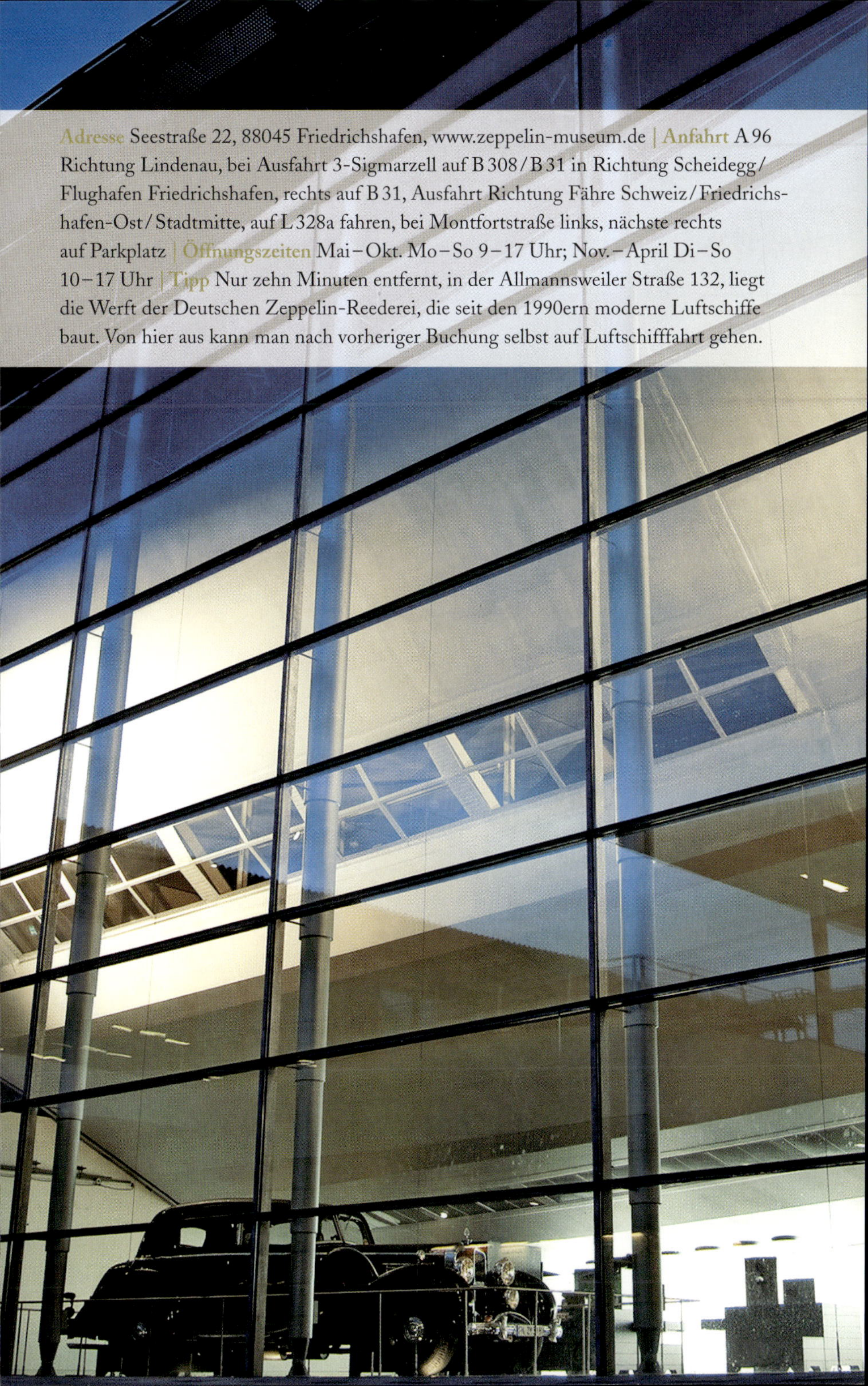

33 Die Schwart Johann

Zeitreise mit dem Wind

Aus Seemannsgarn waren nicht nur die Netze, die Zeesen, der kleinen flachen Schiffe gemacht, die seit dem 15. Jahrhundert in den küstennahen Gewässern der Ostsee auf Fischfang gingen, sondern auch die Geschichten, die man sich noch heute erzählt. So soll der Stralsunder Fischer Johann Krüger nicht nur ein harter Hund, sondern auch kein Freund der Körperpflege gewesen sein. Der Teer vom Deck seines Zeesbootes führte so angeblich zu einer schwarzen Hautfärbung, was ihm und später seinem Kutter den Namen »Swat Johann«, also schwarzer Johann eingebracht haben soll. Vielleicht stimmt aber auch die einfachere Variante, nach der der Bug des Bootes zu der Zeit, als Johann damit fuhr, schwarz war. Egal wie, man erinnert sich noch heute des legendären Fischers und der Art des Bootsbaus, wie er über einen so langen Zeitraum üblich war. Sogar bis in die 1970er Jahre benutzte man die gut zehn Meter langen, breitrumpfigen Segelschiffe für die Fischerei.

Heute werden die wenigen restaurierten oder nachgebauten Zeesboote im Zuge der Traditionspflege liebevoll gehegt und gewartet. Die »Schwart Johann«, diese Variante des ursprünglichen Namens trägt sie heute, ist der Neubau des 1901 in Stralsund gebauten Zweimasters. Unter den rostbraunen Segeln, die seinerzeit durch eine Schutztinktur aus Rinderblut ihre Farbe bekamen, kann man noch über 100 Jahre später vom aktuellen Heimathafen in Gager aus dem traditionellen Berufsbild des Fischers nachspüren. Eine kräftige Brise im Gesicht, wenn der Zeeskahn im Wind segelt, oder beinahe lautlos dahingleitend, wenn der Wind schiebt. Auch der Kapitän der Schwart Johann hat bei den täglich zu buchenden Touren vor der Südküste der Insel allerlei Geschichten parat. Er spannt die Passagiere aber auch gern ein, wenn es darangeht, die Segel einzuholen oder bei einem Wendemanöver für das nötige Gegengewicht zu sorgen. Eine Zeitreise mit dem Wind, wunderschön und äußerst spannend.

Adresse Am Hafen 1, 18586 Gager, www.schwartjohann.jimdo.com | **Anfahrt** A 19 Richtung Rostock, am Autobahnkreuz 9-Rostock rechts halten und den Schildern A 20 in Richtung Szczecin/Stettin/Stralsund folgen, bei Ausfahrt 24-Stralsund in B 96 Richtung Fähre Sassnitz einfädeln, rechts auf B 196, rechts auf L 292, rechts auf Boddenstraße, rechts Richtung Am Hafen, im Kreisverkehr 1. Ausfahrt (Am Hafen) nehmen | **Öffnungszeiten** Mai–Okt. Mo–So nach Voranmeldung bei Kapitän Otto unter Tel. 0175/8911187 oder sno-maritim@gmx.de | **Tipp** Gager liegt auf der Halbinsel Mönchgut, ein Teil Rügens. Göhren als eins der bekanntesten Heilbäder der wohl beliebtesten deutschen Insel befindet sich kaum zehn Kilometer entfernt nordöstlich.

34_Das Ballonmuseum

Die Eroberung der dritten Dimension

Die Geschichte des Ballons lässt sich mit der eines alternden Rockstars vergleichen: Erst zieht er die weltweite Aufmerksamkeit auf sich, dann wird er von Nostalgikern geschätzt, später sorgt er nur noch bei Baumarkteröffnungen für Aufsehen. Der Ballon jedoch hat ein grandioses Comeback hingelegt. Schließlich wählte der Österreicher Felix Baumgartner für den spektakulärsten Sprung der Weltgeschichte nicht etwa das höchste Haus, die tiefste Schlucht, das größte Flugzeug oder eine russische Trägerrakete, sondern einen Heliumballon. Süß! Ganz nebenbei beantwortete er so eine Frage, die Generationen von Kindern bewegte: Wie viele Ballons braucht es, um zu fliegen. Die Antwort: einen! Den richtigen eben, einen echten Männerballon! Seit dem durchgeknallten Stratosphärensprung Baumgartners 2012 erinnert sich die Welt daran, dass der Ballon mehr ist als buntes Kinderspielzeug.

In Gersthofen weiß man das längst. Dort ist dem vermeintlich gemütlichen Fluggerät seit 1985 ein ganzes Museum gewidmet. Denn schon vor weit über 200 Jahren war die Kleinstadt in unmittelbarer Nachbarschaft zu Augsburg der Ausgangspunkt erster Ballonexperimente. Ende des 18. Jahrhunderts wollte Joseph Maximilian Freiherr von Lütgendorf von hier zur ersten deutschen Ballonfahrt aufbrechen – erfolglos allerdings. Um die Wende zum 20. Jahrhundert wurde die Region durch die Gründung einer Ballonfabrik und den Bau eines Chemiewerkes zur Herstellung des Traggases Wasserstoff dann zum Zentrum der Ballonherstellung. 81 Jahre vor Baumgartner stieg der Physiker Auguste Piccard 1931 mit Gersthofer Gas von Augsburg aus in die Stratosphäre auf, sprang allerdings nicht ab.

Das Museum zeigt in einer europaweit einzigartigen multimedialen Ausstellung anhand von historischen Exponaten, Grafiken, Modellen, Filmen und Hörbeiträgen im historischen Wasserturm und im modernen Neubau auf 1.200 Quadratmetern eindrucksvoll die erstaunliche Geschichte der Ballonfahrt.

Adresse Bahnhofstraße 12, 86368 Gersthofen, www.ballonmuseum-gersthofen.de | **Anfahrt** aus Richtung München oder Günzburg über die A 8 bis zur Abfahrt Augsburg-West in Richtung B 2 / Donauwörth / Gersthofen, von der B 2 Ausfahrt Gersthofen-Mitte nehmen, rechts auf Bahnhofstraße | **Öffnungszeiten** Mi, Fr 13 – 17 Uhr, Do 10 – 19 Uhr, Sa, So, Feiertage 10 – 17 Uhr | **Tipp** In Gersthofen kann man im lokalen Golfclub ein paar Bälle schlagen, kann dem Outdoorausstatter Deuter, der hier seinen Stammsitz hat, einen Besuch abstatten, aber man schafft es von hier aus auch in 15 Minuten bis nach Augsburg, der drittgrößten bayerischen und einer der ältesten deutschen Städte.

35 Das Deutsche Uhrenmuseum Glashütte

Eine Stadt im Strudel der Zeit

Mit der Armbanduhr ist es wie mit der Schallplatte oder dem Fahrrad. Natürlich fährt das Auto schnell, ist eine CD klein und widerstandsfähig und kann das Handy neben vielen anderen Talenten auch die Zeit anzeigen. Doch Fahrrad, Schallplatte und Armbanduhr sind eben weit mehr als technische Gebrauchsgegenstände, sie geben ihrem Benutzer Halt, geben ihm Orientierung, haben einen ideellen Wert und erzählen die Geschichten ihrer Hersteller. Welches Handy tut das schon, zumindest im positiven Sinne?

Begibt man sich in Deutschland auf die Spur der Geschichte des Uhrmacherhandwerks, landet man irgendwann in Sachsen, im idyllisch gelegenen Erzgebirgsstädtchen Glashütte, ein paar Kilometer südlich von Dresden. Viele kleine und größere Betriebe und Manufakturen führen hier noch heute die Tradition fort, die dem Ort nach dem Ende der Hochzeit des Bergbaus vor über 230 Jahren zu neuer Blüte verhalf. Das Deutsche Uhrenmuseum, 2008 nach einer intensiven Ausschreibungs- und Planungsphase von der Stiftung »Deutsches Uhrenmuseum Glashütte – Nicolas G. Hayek« eröffnet, präsentiert die Geschichte der Stadt, des Uhrmacherhandwerks und der Zeitmessung auf kunstvolle und moderne Art und Weise und setzt das ins Verhältnis zur Zeit an sich und ihrer Wahrnehmung.

Gewidmet ist das Museum den sächsischen Gründervätern wie Ferdinand Adolph Lange, mit dessen Engagement die Erfolgsgeschichte der Uhrenherstellung in Glashütte ihren Anfang fand, aber auch dem Schweizer Unternehmer Nicolas G. Hayek, der der Branche mit seiner Swatch in den 1990ern neues Leben einhauchte. Gezeigt werden in der ehemaligen Deutschen Uhrmacherschule auf 1.000 Quadratmetern 400 einmalige Exponate: Glashütter Taschen-, Armband- und Pendeluhren verschiedener Epochen, Marinechronometer, historische Urkunden, Patente, Werkzeuge und vieles mehr.

Adresse Schillerstraße 3a, 01768 Glashütte, www.uhrenmuseum-glashuette.com | Anfahrt A 17 bis zur Autobahnabfahrt Dresden-Südvorstadt, auf die B 170/E55 in Richtung Dippoldiswalde/Bannewitz/Possendorf/Freital, über Bannewitz, Hänichen, Possendorf, Karsdorf nach Oberhäslich, nach Ortseingang Oberhäslich links auf der Landstraße (Glashütter Straße) über Reinholdshain, Niederfrauendorf und Luchau nach Glashütte, über Luchauer Straße, Markt und Hauptstraße links in die Schillerstraße | Öffnungszeiten Mo–So 10–17 Uhr | Tipp Vom Museum aus führt der Pfad »Spuren der Zeit« zu 35 Produktionsstätten, Manufakturen und Wohnhäusern berühmter Persönlichkeiten. Dank Infotafeln kann man den Pfad allein erkunden oder im Rahmen einer Führung.

36 Ferropolis

Die Stadt aus Eisen

Der erste Blick gibt kaum Aufschluss über die bewegende Geschichte dieses Ortes. So idyllisch die Halbinsel heute im Gremminer See ruht, so romantisch die erstarrten Tagebaugroßgeräte die untergehende Sonne widerspiegeln, so rau, so hart und so wechselvoll war der Weg hin zum Freilichtmuseum und Experimentierfeld Ferropolis. Nach den Aufschlussarbeiten in den späten 50ern wurden ab 1964 und bis 1991 an diesem Ort, dem ehemaligen Tagebau Golpa-Nord, knapp 70 Millionen Tonnen Rohbraunkohle gefördert. Ende der 70er musste dafür die Ortschaft Gremmin weichen. Hauptabnehmer der Kohle waren die umliegenden Kraftwerke Zschornewitz und Vockerode.

Nach Abschluss der Förderung entstand im Rahmen eines Werkstattprojektes am Bauhaus Dessau das Konzept für die Nachnutzung der mondartigen »Tagebaufolgelandschaft«. So wurde Ferropolis zum Expo-2000-Projekt. 1995 erfolgte die Stadtgründung, fünf Jahre später konnte mit der Flutung des Sees begonnen werden, und im selben Jahr wurde die Stadt aus Eisen eingeweiht. Damit gelang ein Brückenschlag von einer grauen Vergangenheit hin zu einer lebenswerten Zukunft. Die Gegensätzlichkeiten machen Ferropolis heute zu einem Besuchermagneten, einem kulturellen Leuchtturm im flachen Sachsen-Anhalt. Dieser Ort hat eine magische Anziehungskraft auf Tagestouristen, Konzertgänger und Festivalbesucher aus der halben Welt.

Das wissen die Herren von Metallica, die bereits hier waren, die Toten Hosen und die Ärzte. Selbst Eminem – damals auf dem Höhepunkt seiner Karriere – wollte nach Ferropolis, kam dann aber doch nicht. Die Festivals Melt! und Splash lassen das alte Eisen jedes Jahr im Sommer beinahe schmelzen. Ganz nebenbei kann man im Gremminer See auch tauchen, kann sich von Baggern abseilen, kann Quad- und Segwaytouren buchen und vor Ort in der »Orangerie« die moderne Interpretation internationaler Bergmannsküche genießen.

Adresse Ferropolisstraße 1, 06773 Gräfenhainichen, www.ferropolis.de | **Anfahrt** A 9 bis Ausfahrt 10-Dessau-Ost, rechts auf B 107 Richtung Oranienbaum, rechts weiter auf B 107 Richtung Gräfenhainichen, links auf Ferropolisstraße | **Öffnungszeiten** Nov. – März Mo – So 10 – 17 (beziehungsweise bis zum Einbruch der Dunkelheit); April – Okt. Mo – Fr 10 – 18 Uhr, Sa, So und Feiertage 10 – 19 Uhr | **Tipp** Am Bauhaus in Dessau wurde das Ferropolis-Konzept entwickelt. Ist man in der Gegend, muss man das Haus selbst und die Meisterhäuser der ehemaligen Bewohner Kandinsky, Klee oder van der Rohe gesehen haben. In einer halben Stunde ist man in Dessau.

37 Der Männerspielplatz

Mehr Power!

50 Cent kostet das kurze Vergnügen, das sich Vätern auf modern ausgestatteten Spielplätzen bietet: Zwischen den Beinen sitzt der Spross, nestelt an vier bunten Hebeln, die Geduld reicht 20 Sekunden, in denen sich nichts tut, dann greift Vater von hinten beherzt zu und setzt den Spielzeugbagger selbst in Bewegung: Schaufel öffnen, Schaufel schließen, Arm heben, Arm senken, Bagger drehen. So lässt sich in den zwei Minuten einiges an Sand von einer Ecke des Buddelkastens in die andere bewegen. Für den Nachwuchs ist das ziemlich langweilig, und für den Mann ist es, wenn er ehrlich ist, ein wenig popelig.

Also lässt er den Junior am besten zu Hause und fährt nach Großalmerode, in der Nähe von Kassel. Hier, weitab vom Schuss, auf einem ehemaligen Fabrikgelände mitten im schönen Naturpark Meißner-Kaufunger Wald, findet sich der Erlebnispark Männerspielplatz, wahlweise auch Megaspielplatz genannt. Und der Name verspricht nichts, was der Park nicht hält. Gern verweist schon der Pressetext der Einrichtung auf die Neunziger-Jahre-Sitcom mit Tim Allen »Hör mal, wer da hämmert«, und jeder, der damals einen Fernseher hatte, weiß, worum es dem selbst ernannten Heimwerker-King in der Serie ging und worum es auch den Machern und Besuchern dieses Männerspielplatzes geht: um mehr Power!

An 19 Stationen findet man die hier nur mühevoll gebändigt unter den Motorabdeckungen von echten, lebensgroßen, voll funktionstüchtigen Kettenbaggern, Radladern, Raupen, Kranen, Traktoren, Geländewagen und Quads. Ein Wunderland für das Kind im Manne, das hier nach Voranmeldung und Terminvereinbarung sieben Stunden lang baggern, planieren, rütteln und bohren kann, was das Zeug hält, dazu mit den Fahrzeugen auf den unterschiedlichsten Parcours herumgondeln. Schön!

Essen, Trinken und – falls der Nachwuchs doch mitmuss – Kinderattraktionen gehören zum Gesamtangebot.

Adresse Am Ballenpeter, 37247 Großalmerode, www.maennerspielplatz.de/maennerspielplatz-erlebnispark-kassel-grossalmerode.html | **Anfahrt** A 44 Richtung Kassel, am Autobahnkreuz 70-Dreieck-Kassel-Süd links halten und den Schildern A 7 in Richtung Hamburg/Hannover/Kassel folgen, bei Ausfahrt 78-Kassel-Ost auf B 7 Richtung Eisenach/Eschwege/Kaufungen fahren, links auf B 7, links auf Leipziger Straße/B 451, rechts auf B 451, rechts auf Großer Kirchrain/L 3225, rechts auf Am Ballenpeter | **Öffnungszeiten** nur nach Anmeldung und Terminvereinbarung | **Tipp** Bis Eschwege sind es nur ein paar Kilometer, die Kreisstadt hat nicht nur einen mittelalterlichen Kern, sondern ging auch in die Geschichte des deutschen Punkrocks ein: Von hier stammen »The Bates«, die mit dem Cover von Michael Jacksons »Billie Jean« bekannt wurden.

38 Das Legoland

Aus klein wird groß für Groß und Klein

Es ist ein erhebender Moment, wenn der letzte Stein im Todesstern sitzt, wenn der Spross aus dem Mondlander erstmals keinen Mähdrescher gebaut hat, wenn aus den kleinen Steinchen farbsortiert und streng nach Bauleitung endlich etwas Großes geworden ist, vielleicht eine stattliche Ritterburg. Dann weiß Vater, dass der Kleine endlich groß wird und dass er sich als Großer trotzdem noch mit kleinen Dingen beschäftigen darf. Das ist der Lego-Moment! Dem wird im beschaulichen bayrischen Günzburg seit 2002 in einem eigenen Themenpark samt Fahrgeschäften und Ferienanlage gehuldigt.

Sicherlich gibt es viele Stecksysteme. Im Osten war zu DDR-Zeiten an Lego kaum zu denken, und trotzdem wurden Plastiksteine zusammengesteckt. Pebe und Formo hießen die Kopien, die teilweise sogar mit den dänischen Steinchen kombinierbar waren. Doch Lego hat's erfunden und trotz geschäftlicher Berg- und Talfahrt mit einem gewissen Gefühl für den Zeitgeist bis heute konsequent weiterentwickelt.

In Günzburg sucht man ein Museum zwar vergebens, trotzdem wird man vielen Themen aus der eigenen Kindheit wiederbegegnen. Die Weltraum-Serie wird beispielsweise seit dem ersten Star-Wars-Hype im Jahr 1979 produziert und ist in ganz verschiedenen Unterthemen aufgegangen, Lego Technic ist ein Dauerbrenner seit 1977.

Neben all den aufregenden und aufgeregten Angeboten ist es die Detailverliebtheit der Marke, auf die man abseits des großen Eventlärms in diesem Freizeitpark immer wieder stößt. Da führt der Weg von der Lego-Fabrik über schnelle und beschauliche Fahrgeschäfte schnurstracks ins Bau- und Testcenter und ins Miniland, angefüllt mit all den großartigen kleinen Welten. Und auch wenn der Abend nach der verrückten Show in der Lego-Arena im Lego-Feriendorf ausklingt, der Zauber dieses Kunststoffuniversums entsteht im heimischen Kinderzimmer, wenn sich zum ersten Mal zwei kleine Steine berühren.

Adresse Legoland-Allee, 89312 Günzburg, www.legoland.de | Anfahrt A 8 Richtung Günzburg, links auf B 16, Ausfahrt Legoland, Schildern folgen | Öffnungszeiten Ende März–Anfang Nov. 10–18 Uhr, längere Öffnungszeiten an Wochenenden, Ferienterminen und Feiertagen; genaue Zeiten und Daten auf der Website | Tipp Eine gute halbe Stunde nördlich von Günzburg liegt Steinheim am Albuch. Das örtliche Meteorkrater-Museum ist eines von einer Handvoll seiner Art weltweit und widmet sich dem Meteoriteneinschlag, der vor 15 Millionen Jahren das Steinheimer Becken schuf.

39__Die Astra-Brauerei

Was dagegen?

Um die Verwirrung gleich aufzulösen, die Astra-Brauerei im eigentlichen Sinne gibt es nicht, gibt es nicht mehr. Die stand in St. Pauli – natürlich. Nach der Übernahme durch die Carlsberg-Tochter Holsten im Jahr 1998 wird das Kiez-Kultbier seit 2002 aber in Altona gebraut. »Mit Liebe gebraut im Herzen Hamburgs« heißt deshalb heute das Qualitätsversprechen auf den Etiketten der 0,33er Steini-Flaschen.

Weil das Geflecht moderner Braukonzerne kompliziert ist, sei nur so viel zum allgemeinen Verständnis gesagt: das Ur-Astra, das Astra Urtyp, wurde 1909 von der Bavaria Brauerei AG auf den Hamburger Markt geworfen; deren Wurzeln reichen bis ins Jahr 1647 zurück. Seit über 100 Jahren trinkt man auf dem Kiez also Astra. Abseits der Hansestadt fristete das kleine Braune aber ein Schattendasein. Das reinigende Gewitter um die Übernahme setzte dann immense kreative Energie frei. Mit der Kampagne »Astra. Was dagegen?« begann der nationale Siegeszug. Die provokant schrägen Plakatmotive zierten immer öfter auch die Wände kleiner Szenekneipen in der Restrepublik südlich der Wasserkante und machten das Astra langsam, aber nachhaltig bekannt, verliehen ihm erst Geheimtipp-, dann Kultstatus. Mit so schönen Slogans wie »Autofahren ist scheiße«, »Eine Flasche im Bett«, »Du bist Astra« oder »Her mit den geilen Schnallen« ist Lachen bis heute die Einstiegsdroge für den geneigten Astra-Konsumenten. Mittlerweile bekommt man das Hamburger Gebräu so nicht nur landesweit im gut sortierten Flaschenhandel, sondern auch in vielen Clubs und Kneipen. Die Produktionsstätte im Herzen Hamburgs kann nach Anmeldung täglich besichtigt werden. Und wenn man am Schluss der Führung die Wahl hat zwischen einem frisch gezapften Holsten Pilsener, Carlsberg, Duckstein oder eben Astra, dann offenbaren sich im Bier auch die komplexen Verwandtschaftsverhältnisse des weltweit viertgrößten Bierbrauers.

Adresse Carlsberg Deutschland GmbH, Holstenstraße 224, 22765 Hamburg, www.astra-bier.de | Anfahrt A 39 Richtung Hamburg, weiter auf A 7, Ausfahrt auf Bahrenfelder Marktplatz / B 431, rechts auf Bahrenfelder Chaussee / B 431, rechts auf Holstenstraße | Öffnungszeiten Führungen: Mo–Fr 9 Uhr, 11.15 Uhr und 13.15 Uhr, nur nach Anmeldung unter Tel. 040 / 30993698 oder besichtigung@holsten.de | Tipp Mann kann sein Astra natürlich mit nach Hause nehmen, er kann aber auch eine nahe Hamburger Kneipe aufsuchen, denn dort schmeckt es noch ein wenig besser. Das Aalhaus zum Beispiel – kein Fischladen, eher Szenekneipe – befindet sich keine fünf Minuten entfernt, in der Eggerstedtstraße.

40 Die älteste Tattoostube

Geschichten unter der Haut

Worum geht es beim Tätowieren und Tätowiertwerden? Um Schmerz, um Rebellion, um Selbstverwirklichung, um Mode, um Kunst? Natürlich muss diese Frage jeder vor dem ersten Stich mit der Tätowiermaschine für sich selbst beantworten. Welchen Erinnerungswert solch ein ewiges Schmuckstück auf der eigenen Haut aber hat, wie diese Bilder Geschichten aufsaugen, später ganze Biografien erzählen – sowohl die ihrer Träger als auch die ihrer Schöpfer –, das kann man nirgendwo besser erfahren als in Deutschlands ältester Tätowierstube am Hamburger Berg, einer Seitenstraße der Reeperbahn.

1946 gegründet von Paul Holzhaus, befindet sich »Die Älteste« seit 1951 an genau derselben Stelle. Ein Ort nur für echte Männer ist so ein Tattoostudio in der Post-Arschgeweih-Ära natürlich längst nicht mehr. Wenn einem jedoch klar wird, dass der einzige Zweck des metallischen Summens der Maschine der ist, die Nadel in Bewegung zu versetzen, damit sie die Haut durchstechen kann, dann heißt es: Backen zusammenkneifen, dann muss man das ertragen wie ein echter Mann, egal, ob man einer ist oder nicht.

Günter Götz ist ein echter Kerl, seit 1984 führt er das Geschäft, das er von seinem Onkel Herbert Hoffmann übernommen hat. Der wiederum hatte hier ab 1962 22 Jahre lang die Maschine in der Hand. In dieser Zeit traf er auch auf Albert Cornelissen und Karlmann Richter. Die drei betagten und vom Scheitel bis zur Sohle tätowierten Herren erzählen ihre Biografien in der ausgezeichneten Dokumentation »Flammend' Herz« aus dem Jahr 2004. Eine Geschichte des Tätowierens und seiner Bedeutung im 20. Jahrhundert, aber vor allem eine Geschichte von echten Männern, jenseits aller Rollenbilder und Konventionen.

Genau deshalb ist dieser Ort, dieses Tattoostudio auf dem Hamburger Kiez, der richtige Ort für einen spektakulären Akt der Selbstbefreiung, durch einen Anker oder eine Nixe oder eben durch ein flammendes Herz.

Adresse Hamburger Berg 8, 20359 Hamburg, www.die-aelteste.de | **Anfahrt** A 24 Richtung Hamburg, im Kreisverkehr 2. Ausfahrt (Sievekingsallee) nehmen, weiter auf Bürgerweide, rechts auf Spaldingstraße, rechts auf Amsinckstraße/B 4, links auf Helgoländer Allee/Millerntorplatz, 1. Abzweigung rechts auf Reeperbahn, rechts auf Hamburger Berg | **Öffnungszeiten** Mo–Sa 12–19 Uhr | **Tipp** Natürlich muss man die Reeperbahn gesehen haben: Sexclub neben Tattoostudio neben Dönerbude neben Nachtclub neben Puff. Dazwischen ein paar Kneipen, viele Leuchtreklamen und viele, viele Mädchen. In weiblicher Begleitung wird man übrigens nicht permanent mit gut gemeinten Angeboten überhäuft.

41_Die Cap San Diego

Der Weg war das Ziel

Wer heute verreist, der schert sich nicht mehr um den Weg, den er mit 900 Kilometern in der Stunde fliegend absolviert. Reisen als Übergang von Punkt A nach B mit möglichst geringem Zeitverlust. Früher war das einmal anders. Und wenn man über die endlos lange Stegkonstruktion der Hamburger Überseebrücke die in zweiter Reihe »parkende« Cap San Diego betritt, dann weiß man schnell, was der Stammtischphilosoph meinte, als er konstatierte, der Weg sei das Ziel. Dieses Schiff ist der perfekte Ort für Männer! Hier bekommt man eine Idee von der Abgeschiedenheit und von der Freiheit, die auch Rudolf-August Oetker empfunden haben muss, der Enkel des Firmengründers und einer der größten deutschen Reeder seiner Zeit, als er sich, anstatt den Flieger zu besteigen, auf seiner Cap San Diego einschiffte.

Der elegante Stückgutfrachter aus dem Jahr 1962, unter der Maßgabe des New Look entworfen von Cäsar Pinnau, Architekt und Freund Oetkers, beförderte von 1962 bis 1981 nicht nur Lebensmittel und Technik, vornehmlich nach oder aus Süd- und Mittelamerika über den Atlantik, sondern bot auch Platz für zwölf zahlungskräftige zivile Passagiere. Etwa zwei Monate waren die inklusive aller Hafenaufenthalte während der Überfahrt außer Reichweite jeder Lebensrealität. Kein Handy, kein Computer, nicht einmal die Post konnte blaue, grüne oder rote Briefe zustellen, die Kommunikation war auf vereinzelte Funksprüche und Telegramme reduziert.

Und diese Freiheit, die in diesem Hafen, der die große weite Welt verspricht, ohnehin in der Luft liegt, erlebt man beim Gang über dieses Schiff, beim Blick über den luxuriösen Pool auf die Elbphilharmonie, beim Klettern durch die Decks und Maschinenräume, beim Besuch auf der Brücke noch intensiver. Denn das Schiff ist nicht einfach ein ewig schaukelndes Museum, sondern geht noch regelmäßig auf Fahrt. Wenn auch nicht mehr über den Atlantik.

Adresse Liegeplatz Überseebrücke, 20459 Hamburg, www.capsandiego.de | **Anfahrt** A 1 Richtung Lübeck / Berlin / Hamburg, links halten Richtung HH-Zentrum / HH-Veddel / HH-Georgswerder, weiter auf Veddeler Brückenstraße / B 4, weiter Richtung Helgoländer Allee / Millerntorplatz, links auf Helgoländer Allee / Millerntorplatz, weiter Richtung Bei den St. Pauli-Landungsbrücken, links auf Bei den St. Pauli-Landungsbrücken, weiter auf Johannisbollwerk, weiter auf Vorsetzen | **Öffnungszeiten** Mo – So 10 – 18 Uhr | **Tipp** Der ganze Hafen ist eine einzige Sehenswürdigkeit, eine Rundfahrt drängt sich also auf, aber auch die Elbphilharmonie, ob fertig oder nicht, ist eine Besichtigung wert.

42 Der FC St. Pauli

Im Schatten des Jolly Rogers

Vielleicht kann man den Fußballclub als Herz oder als Leber, vielleicht als Faust St. Paulis bezeichnen, als irgendein lebenswichtiges Organ jedenfalls, das für Überzeugung, für Kampfgeist, aber auch für den Spaß zuständig ist. Wenn man eine erste Idee davon bekommen will, welche Rolle der FC für den Stadtteil St. Pauli spielt, sucht man sich am besten einen erhöhten Standpunkt mit Blick auf das Millerntor-Stadion.

Die Heimspielstätte, gleichzeitig Hauptquartier des Vereins, des Fanklubs und sogar Domizil des vereinseigenen Kindergartens, ist eng verflochten mit dem dicht besiedelten Viertel. Kein Stadion am Rande der Stadt, sondern eins im Herzen, womit wir wieder bei den Organen wären. Als das 1963 eröffnete Stadion erneuert und an die Anforderungen eines modernen Ligaspielortes angepasst werden musste, hat dann auch niemand ernsthaft über einen Neubau auf der grünen Wiese nachgedacht. Selbst wenn der im Gegensatz zur schrittweise laufenden Sanierung günstiger gewesen wäre.

Doch beim FC St. Pauli geht es eben um Authentizität, um Identität irgendwie, weitab natürlich vom verdächtigen Lokalpatriotismus. Es geht um Ideen der Selbstbestimmung, erwachsen aus der Hausbesetzerszene der 1980er Jahre, und natürlich geht es um Fußball. Wobei der FC St. Pauli das Schicksal des 1. FC Köln teilt, als eine der bedeutendsten Fahrstuhlmannschaften der Bundesliga. Ohne beide Teams wäre der Fußball in Deutschland jedoch kaum denkbar.

So wundert es auch nicht, dass sich der »Jolly Roger«, das Totenkopfsymbol des Vereins, auf Jacken, T-Shirts und Rucksäcken in der gesamten Republik findet, dass sich Tausende Fans zu Auswärtsspielen ankündigen, aus Hamburg selbst aber nur zwei Busse kommen.

Um den »Spirit« des Clubs tatsächlich zu erfassen, geht man am besten unter ortskundiger Anleitung trinken und besucht am Folgetag ein Heimspiel. So sind schon viele auf St. Pauli hängen geblieben.

Adresse Heiligengeistfeld, 20359 Hamburg, www.fcstpauli.com | **Anfahrt** A 1 Richtung Hamburg, links halten auf A 255, Veddeler Brückenstraße / B 4 / B 75, links halten auf B 4, rechts auf Heiligengeistfeld | **Öffnungszeiten** während der Spiele, Führungen nach Anmeldung außer an Heimspieltagen jeweils Do 14 Uhr, Fr 13.30 Uhr, Sa 10.30 Uhr und So 10.30 Uhr | **Tipp** Das Jolly Roger, die Fankneipe des FC St. Pauli, befindet sich direkt gegenüber in der Budapester Straße 44.

43 Das Miniatur Wunderland

Große Idee für kleine Welt

Während man in der Schlange zum Miniatur Wunderland steht und als einer von über einer Million jährlichen Besuchern auf Einlass wartet, empfiehlt sich zum Zeitvertreib und zum besseren Verständnis der jüngsten der Hamburger Top-Sehenswürdigkeiten eine theoretische Überlegung: Wie würde die Welt aussehen, wenn jede Figur, die maßgeblich auf die Geschichte der Menschheit eingewirkt hat, noch einen Zwillingsbruder / eine Zwillingsschwester neben sich gehabt hätte? Wie viele Kriege wären uns erspart worden durch einen ausgleichenden Pol neben jedem Feldherrn? Wie viele gute Ideen wären umgesetzt worden mit einer analytischen und bestätigenden Kraft neben jedem Visionär? Jemand, der versteht, schützt und fordert. Das Miniatur Wunderland ist solch eine Idee. Ohne die verständnisvolle und haarscharfe Analyse seines rationalen Zwillingsbruders Gerrit hätte sich die wundersam anmutende Idee des emotionalen Gegenstücks Frederik Braun wohl nicht zu dieser Miniatursensation ausgewachsen.

Aus der Idee der größten Modelleisenbahn der Welt ist die sicher beeindruckendste Modellwelt der Welt geworden: das Miniatur Wunderland. Über 300 Mitarbeiter hält dieser sich ständig verändernde kleine Kosmos in Atem. Jedem der Modellbauer lassen die beiden Gründer dabei genügend Raum, sich zu verwirklichen. Das schafft authentische Szenarien statt statischer Inszenierungen. Acht unterschiedliche Welten sind so seit der Geburt der Idee im Jahr 2000 entstanden. Auf 1.300 Quadratmetern finden über 200.000 Miniaturmenschen ein Zuhause zwischen Hamburg, Harz und Las Vegas; in Skandinavien, der Schweiz, Frankreich oder Italien. Fahrende Züge, fahrende Autos, fliegende Jets und ein ausgeklügeltes Beleuchtungssystem, das einen perfekten Tag-Nacht-Rhythmus simuliert, erwecken diese Welt täglich zum Leben. Ein perfekter Ort zum Träumen für den kleinen Jungen in jedem großen Mann.

Adresse Kehrwieder 2, Block D, 20457 Hamburg, www.miniatur-wunderland.de | Anfahrt A 255 Richtung Hamburg, weiter auf Veddeler Brückenstraße / B 4 / B 75, links halten auf B 4, links auf Brandstwiete, weiter auf Bei St. Annen, rechts auf Am Sandtorkai, 3. rechts auf Kehrwiedersteg | Öffnungszeiten Mo, Mi, Do 9.30 – 18 Uhr, Di 9.30 – 21 Uhr, Fr 9.30 – 19, Sa 8 – 21 Uhr, So 8.30 – 20 Uhr; Sonderöffnungszeiten an Feiertagen und während der Schulferien | Tipp Ist man oder Mann schon mal in der berühmten Hamburger Speicherstadt, sollte er sich die auch mal genauer ansehen. Das Speicherstadtmuseum am Sandtorkai 36 bietet regelmäßige Rundgänge durch das Quartier an.

44 Das U-Boot 434

Faszinierendes Kriegsgerät

Wenn die U-434, der ehemalige Stolz der sowjetischen Marine, an einem lauen Sommertag in der Sonne glitzert, umspült von einer sanften Elbe, im Hintergrund die lebendige Hansestadt, dann kommt man leicht ins Staunen über die Ingenieurskunst, die in diesem 90 Meter langen U-Boot steckt. Erst die Dunkelheit setzt das Kriegsschiff der Tango-Klasse ins rechte Licht und sorgt für die adäquate Stimmung beim Betrachten des pechschwarzen Monsters. Wenn dann die Spiegelung der friedlich funkelnden Stadt auf der Wasseroberfläche die U-434 einrahmt, dann wird einem nicht nur bewusst, wie absurd der heutige Liegeplatz im Vergleich zur Geschichte des Bootes ist, man versteht auch ein wenig, was Aufrüstung zu Zeiten des Kalten Krieges bedeutete und welcher permanenten Bedrohung wir angesichts des mühsam erhaltenen Status quo damals ausgesetzt waren. Abseits dieser Überlegungen sind es starke Bilder und Geräusche, die das Betreten des U-Bootes heraufbeschwört. Sofort hat man Jürgen Prochnow, Herbert Grönemeyer, Martin Semmelrogge und den Rest der Besatzung der U-96 vor Augen, hat die gleichnamige Technohymne im Ohr, hört das Echo des Sonars, sieht Sean Connery als sowjetischen U-Boot-Käpt'n in »Jagd auf Roter Oktober« und denkt angesichts der rustikalen Technik eigenartigerweise auch an die Raumstation MIR und Bilder schwerelos in die Kamera winkender Kosmonauten.

Gebaut wurde das U-Boot im Rahmen des Projektes 641 B im Jahr 1976 im heutigen Nischni Nowgorod. Ausgestattet mit drei Diesel-, drei Elektromotoren und einer sogenannten Schleichmaschine, kam es auf eine Geschwindigkeit von bis zu 16 Knoten und konnte 400 Meter tief tauchen. 84 Marinesoldaten zählten zur Besatzung.

Seit 2002 liegt die U-434 nun als Museum in Hamburg. Am neuen Standort am St. Pauli Fischmarkt ist das Boot so verankert, dass es mit Hilfe der Gezeiten zweimal täglich auf- und abtaucht.

Adresse St. Pauli Fischmarkt 10, 20359 Hamburg, www.u-434.de | **Anfahrt** A 24 Richtung Hamburg, im Kreisverkehr 2. Ausfahrt (Sievekingsallee) nehmen, weiter auf Bürgerweide, rechts abbiegen auf Spaldingstraße, rechts halten auf Amsinckstraße / B 4, links abbiegen auf Rödlingsmarkt, weiter auf Binnenhafenbrücke, weiter auf Baumwall, weiter auf Vorsetzen, weiter auf Johannisbollwerk, weiter auf Bei den St. Pauli-Landungsbrücken, weiter auf St. Pauli Hafenstraße, weiter auf St. Pauli Fischmarkt | **Öffnungszeiten** Mo–Sa 9–20 Uhr, So 11–20 Uhr | **Tipp** Schräg gegenüber der U-434 findet sich geballte Hamburger Kneipentradition. Die Ur-Haifischbar lockt hier neben dem Schellfischposten, bekannt aus der ARD-Sendung »Inas Nacht«, mit Fischgeruch und Bier vom Fass, schön trocken norddeutsch und salzig charmant.

45 Der Rock 'n' Roll

Hanaus wilde fünf Minuten

Es war einmal eine Stadt, in der gingen die wildesten und die verrücktesten Musikanten der ganzen Welt ein und aus. In dieser Stadt war es niemals still. Wenn sich irgendwo in ihr nur eine Tür öffnete, dann schallte laute Musik noch bis ins benachbarte Königreich.

Der Kreuzworträtselerprobte ahnt längst, welche Stadt gemeint ist: Hanau, die Geburtsstadt der Brüder Grimm, die Stadt der Märchenmacher also. Idyllisch gelegen an der Mündung der Kinzig in den Main, umgeben von einem weiten Waldgebiet, hat sie als sechstgrößte Stadt Hessens auch heute noch etwas Märchenhaftes, wirkt aber auch ein wenig verschlafen.

In den Nachkriegsjahren war die Nacht in Hanau nicht unbedingt zum Schlafen da: 30.000 amerikanische Soldaten hatten Quartier in der Stadt bezogen. Die Wehrpflicht spülte einen bunten Querschnitt junger Amerikaner über den Atlantik, nicht nur stramme Patrioten, sondern Vertreter aller möglichen Subkulturen. Und die GIs hatten die Taschen voller Dollar und wollten Spaß. Das ließ nicht nur eine beachtliche Anzahl von Stripläden und Nachtclubs wie Pilze aus dem hessischen Boden schießen, sondern brachte auch eine ungewöhnlich aktive Livemusik-Szene hervor. Hanaus wilde fünf Minuten reichten von den frühen 50ern bis in die späten 60er Jahre des letzten Jahrhunderts, die Big Time.

Vor allem die Indo-Rock-Bands, vornehmlich indonesischstämmige Niederländer wie »Thielmann Brothers« oder »Crazy Rockers« und Punk-Vorläufer wie »The Monks« mischten die zahllosen Musikläden auf. Bill Haley, Chuck Berry oder Jimi Hendrix spielten hier. Hanau hatte damals den Ruf eines hessischen St. Pauli. Nach dem Ende des Vietnamkriegs verschwanden mit der Abschaffung der Wehrpflicht auch die Amerikaner und mit ihnen der Rock 'n' Roll aus der Stadt. Heute muss man ganz aufmerksam sein und am besten vor Ort fragen, um dem Hanauer Spirit an Originalstelle nachzuspüren.

Adresse in der Leipziger Straße befand sich mit dem Jolly der berühmteste Club Hanaus, Leipziger Straße, 63450 Hanau, back-to-musik-city-hanau.over-blog.de | **Anfahrt** über A 66 bis Hanauer Kreuz, auf B 43a in Richtung A 3 / Flughafen Frankfurt Kreuz / Dieburg / HU-Steinheim / HU-Wolfgang bis Ausfahrt Hanau-Hauptbahnhof / Hanau-Stadtmitte, rechts auf Industrieweg, im Kreisverkehr 1. Ausfahrt auf Dettinger Straße, im Kreisverkehr 1. Ausfahrt auf Birkenhainer Straße / B 43, rechts abbiegen auf Leipziger Straße / B 43 | **Tipp** Märchen sind was für Kinder, aber streng genommen sind die Hanauer Brüder Grimm ja auch die Urväter des Horrorgenres, huldigen kann Mann ihnen dafür im Museum Schloss Philippsruhe in der Philippsruher Allee 45.

46 Die Harzköhlerei

Gut Brand!

Menschenmassen in Straßenbahnen, Straßenlaternen blenden den Nachthimmel, Fluglärm übertönt Vogelgezwitscher, Kommunikation auf allen Kanälen. Das Rauschen wird zum Pfeifen, der Tinnitus das Begleitgeräusch des ausgebrannten modernen Großstadtmenschen, eingeklemmt in gesellschaftliche Erwartungshaltungen zwischen Karriere, Familie, bürgerschaftlichem Engagement und Biokleingarten.

Der IT-Spezialist, die Bibliothekarin, der Kfz-Mechatroniker und die Sozialversicherungsfachangestellte kennen die beschleunigte Gegenwart und ihren Fahrtwind. Der Köhler, den man von der Bronzezeit bis ins 20. Jahrhundert in der Einsamkeit des tiefsten Waldes suchen musste, kannte das nicht. Im Frühjahr verabschiedete er sich von seiner Familie und der Zivilisation, nahm zwei, drei Gesellen mit und drang tief ein in den Forst. Dort baute er eine Hütte und schichtete mannshohe Meiler aus Holz auf, deckte sie ab mit Erde und Gras, zündete sie an und ließ das Holz unter ständiger Bewachung zu Kohle werden. Das ging bis zum Herbst so. Ein harter, aber meditativer Job, nach dessen vermeintlicher Romantik sich heute so manch Bankangestellter sehnt.

Eines der Zentren des Köhlerhandwerks war der Harz. Dort bewahren bis heute einige kleine Familienbetriebe die Tradition dieses beinahe vergessenen Berufsstandes, der seine Bedeutung im Laufe des 19. Jahrhunderts durch die Nutzbarmachung des Erdöls als neuem wichtigsten Energieträger verlor. In Hasselfelde, mitten im tiefen Harzer Wald, bietet die Köhlerfamilie Stemberg in ihrer gleichnamigen Erlebnisköhlerei eine Reise in die Vergangenheit an. Der Senior und seine Söhne produzieren hier wie in alten Tagen Holzkohle in schwelenden Meilern, haben ein kleines, aber deutschlandweit einzigartiges Museum aufgebaut und ihren Betrieb mit einer authentischen Gastronomie und einem Köhlerladen über das eigene Handwerk hinaus touristisch erschlossen.

Adresse Stemberghaus 1, 38899 Hasselfelde, www.harzkoehlerei.de | Anfahrt über B 81 aus Richtung Hasselfelde oder Blankenburg bis zum Stemberghaus direkt an der B 81 | Öffnungszeiten Mo–Fr 9–18 Uhr, Sa, So 9–20 Uhr, in den Ferien Mo–So 9–20 Uhr | Tipp Wer im Harz ist, muss auf den Brocken, den Blocksberg. Mit der berühmten Harzer Schmalspurbahn geht das am besten, die fährt auch Hasselfelde an.

47 Klaus, der Schmied

Mit Schweiß, Blut und Spaß zur Traumklinge

Feuer, Amboss, Hammer. Heute wie vor 2.000 Jahren sind das die Zutaten, die man zum Schmieden braucht. Dazu noch gehörig Kraft in den Armen und eine Menge Wissen über die verschiedenen Techniken und Materialien.

Klaus Schmonsees hat all das. Vieles hat er über die Jahre gelernt, vieles liegt aber auch in seinen Genen, denn er ist Schmied in mindestens 80. Generation. Das zumindest belegt die gut gepflegte Familienchronik der Schmonsees, die sich, vor gut eineinhalbtausend Jahren aus Bayern kommend, im sehr flachen Norden nahe dem heutigen Bremerhaven niedergelassen haben. Dort, weitab der lauten Gegenwart, lebt der junge Schmied mit seiner Familie auch heute noch.

Sein Wissen gibt er allerdings nicht nur an die nächste Schmonsees-Generation weiter, sondern im Rahmen von ganz individuellen kleinen Workshops auch an jeden Mann, der sich bei ihm anmeldet (natürlich auch an jede Frau). Vom Küchenmesser über die Axt bis zum Samuraischwert, der erfahrene Schmied führt jeden Kursteilnehmer ganz persönlich zu seiner Traumklinge. Und vor allem Männer aus dem südlichen Deutschland scheinen das Verlangen genau danach zu haben. Wer allerdings bei der Begrüßung seine zarte westliche Wohlstandshand in der riesigen Pranke des Schmiedemeisters verschwinden sieht, der weiß spätestens ab diesem Moment, dass dieses Erlebnis kein Zuckerschlecken wird: Schweiß wird fließen, vielleicht auch Blut, Blasen sind jedenfalls garantiert. Neben der Qual körperlicher Anstrengung und handwerklicher Herausforderung besticht ein Kurs bei Klaus Schmonsees vor allem durch dessen freundliche Art und seine Fähigkeit, Wissen und Fertigkeiten so zu vermitteln, dass man weit mehr als ein Messer und Muskelkater mit nach Hause nimmt. Eine Erfahrung, die Spaß macht, die meditativ ist und bei der man über sich selbst mindestens genauso viel lernt wie über die Bearbeitung von Stahl.

Adresse Postweg 61, 27432 Hipstedt, www.klaus-der-schmied.de | **Anfahrt** A 1 Richtung Bremen, Ausfahrt 47-Sittensen Richtung Scheeßel/Bremervörde/Zeven, rechts Richtung Stade/Horneburg, weiter auf Stader Straße/L 130, links auf K 139, links auf Groß Ippensen/K 134, rechts auf Hauptstraße/K 110, links auf Selsinger Straße/K 109, rechts auf Hauptstraße B 71, links auf Neue Straße/B 71/B 74, rechts auf Neulander Weg/K 116 | **Öffnungszeiten** Kurse nur nach Anmeldung | **Tipp** 20 Kilometer nördlich in Lamstedt befindet sich das Norddeutsche Radiomuseum, eine Radiosammlung mit über 160 Exponaten aus mehr als 75 Jahren Rundfunk in Deutschland.

48 Das Grenzdenkmal

Grüne Grenze, grüne Hölle

Hier ein Feld, dort eine kleine Ortschaft, sanftes Hügelland am Rande des Harzes zwischen Niedersachsen und Sachsen-Anhalt. Eine neue Straße schlängelt sich durch die mitteldeutsche Landschaft, rechts und links davon immer wieder braune Schilder, die auf die ehemalige Teilung des Landes hinweisen. Sie erinnern aber nicht nur an die innerdeutsche Grenze, sondern auch an den Verlauf einer ideologischen Befestigung, die Europa und die ganze Welt fein säuberlich in Ost und West einteilte.

Errichtet wurde der »Antifaschistische Schutzwall« ab Mai 1952 zuerst auf Weisung von Stalin, zu Ende geführt wurde das Projekt von den DDR-Oberen bis hin zum Mauerbau in Berlin am 13. August 1961. Immerhin 2,7 Millionen Menschen hatten die junge DDR da schon verlassen. Die gewaltsame Zerteilung des Landes, die mit Hunderten Zwangsumsiedlungen aus dem Grenzgebiet einherging, hinterließ in Deutschland tiefe Wunden, die man zum Teil bis heute sieht und spürt. Sie zerriss Familien, schürte Misstrauen, säte Angst und brachte vielen hundert Flüchtlingen den Tod.

Und auch wenn das Entstehen dieser Grenze keinem deutsch-deutschen Konflikt geschuldet war, sondern dem Status quo zweier Gesellschaftssysteme, schickte die DDR mit Einführung der allgemeinen Wehrpflicht ihre jungen Männer an die Grenzen nach Berlin, an die Ostsee und den größten Teil an die sogenannte Grüne Grenze im Landesinneren. Eine bis zu fünf Kilometer breite Anlage, die sich über beinahe 1.500 Kilometer von Lübeck bis Hof zog. 30.000 »Grenzer« bewachten den stacheldrahtbewehrten, verminten, teilweise mit Selbstschussanlagen ausgestatteten »Todesstreifen« und standen jungen Männern aus dem Westen gegenüber, Nachbarskinder nur wenige Jahre zuvor.

In Hötensleben finden sich die unter Denkmalschutz stehenden, am besten erhaltenen und umfassendsten Zeugnisse der innerdeutschen Grenzbefestigung.

Adresse am Ende der Schöninger Straße in Richtung Schöningen, 39393 Hötensleben, www.grenzdenkmal.com | **Anfahrt** über A 2 bis Ausfahrt 61-Helmstedt-West, auf B 244 in Richtung Helmstedt-West / Schöningen / Mariental, rechts auf B 244, nächste links auf L 640, im Kreisverkehr 2. Ausfahrt Richtung Offleben / Alversdorfer Straße, weiter auf Barneberger Straße, hinter Offleben rechts auf K 1368 / Offlebener Straße in Richtung Hötensleben, halb rechts auf Barneberger Straße, rechts auf Schulstraße, weiter auf Schöninger Straße, Parkplatz links | **Öffnungszeiten** Denkmal frei zugänglich, der betreuende Verein organisiert auf Anfrage gern kostenlos Führungen | **Tipp** Das Grenzdenkmal Hötensleben gehört zur Gedenkstätte Deutsche Teilung Marienborn am äußerst sehenswerten ehemaligen Grenzübergang, direkt an der Autobahn A 2, nur etwa 20 Kilometer entfernt.

49 Bruce Willis' Geburtsort

Yippie-ya-yeah, Schweinebacke!

1987 schleppte er die angeschickerte Kim Basinger ab. Ein guter Einstand. Ein Jahr später ballerte er sich im blutigen Unterhemd als John McClane in »Stirb langsam« durch ein von Terroristen besetztes Hochhaus und zündete im zweiten Teil in vollendeter Coolness einen startenden Jumbo an, auch der voller Terroristen: »Yippie-ya-yeah, Schweinebacke!« Welcher Mann zwischen 30 und 45 erinnert sich daran nicht?!

Und dann war es einmal mehr Quentin Tarantino, der auch Bruce Willis zu ewigem Leinwandruhm verhalf. Als Boxer Butch setzte er sich in »Pulp Fiction« zuerst gegen die Mafia durch, nur um Obermafioso Marsellus Wallace kurze Zeit später das Leben zu retten. Was der mit diesem schönen Zitat goutierte: »Diese Scheiße bleibt zwischen dir und mir und ›Mr. Der-bald-den-Rest-seines-kurzen-Scheißlebens-in-unerträglichen-Schmerzen-verbringen-wird-Vergewaltiger‹!« Kurz danach rauschte Bruce/Butch mit Fabienne auf Zeds Chopper davon. Hach! Und dann: »12 Monkeys«, »Das fünfte Element«, »Sin City« …!

Bruce Willis ist der Held mindestens eineinhalb Generationen junger Männer. Es kann also kaum einen männlicheren Ort geben als das Land, den Boden, der diesen Mann hervorgebracht hat. Ein gefährlicher dunkler Ort – ganz sicher –, an dem man sich zum Licht kämpfen muss, um zu gedeihen … Irrtum! Walter Bruce Willis erblickte ebenjenes Licht 1955 im beschaulichen Edelsteinstädtchen Idar-Oberstein am Rande des Hunsrücks. Als Sohn eines US-Soldaten und einer deutschen Mutter verbrachte er seine ersten beiden Lebensjahre genau hier. Und jeder weiß ja, dass die ersten Jahre fürs Leben prägen.

Spuren hat Willis hier indes höchstens im örtlichen Kino hinterlassen. Anschauen kann man sich das bewohnte Geburtshaus des Hollywoodstars in der Keltenstraße 41 trotzdem, allerdings nur von außen. Für ein Bruce-Willis-Museum muss wohl noch ein wenig Wasser die Nahe herunterfließen.

Adresse Keltenstraße 41, 55743 Idar-Oberstein | **Anfahrt** A 62 Richtung Pirmasens / Kaiserslautern, bei Ausfahrt 4-Birkenfeld Richtung Hoppstädt.-Weiersb. / Nohfelden / Idar-Oberstein / B 41 / B 269 fahren, weiter auf B 41, links auf Saarstraße, rechts auf Hauptstraße / B 422, rechts auf Mainzer Straße / B 422, im Kreisverkehr 2. Ausfahrt (Kobachstraße / K 36) nehmen, rechts auf Keltenstraße | **Öffnungszeiten** nicht öffentlich zugängliches Privathaus | **Tipp** Idar-Oberstein schaut auf eine 500-jährige Edelsteinindustrie zurück. Das Museum in der Hauptstraße 118 präsentiert diese Geschichte und damit sensationelle Edelsteine in einer weltweit einmaligen Ausstellung.

50__Die Alpsee Bergwelt

Drei Wünsche auf einmal

Wenn man als Mann seine Mitte gefunden hat, und meistens ist man bis dahin im mittleren Alter und in der Mitte auch bereits etwas runder geworden, dann muss der verrückte, der bewegte, der aufregende Erlebnistag nicht mehr mit Dosenravioli in einem klammen Zelt enden. Vielleicht nimmt man dann die Freunde für ein Wochenende zusammen, macht sich's auf den gut gepolsterten Sitzen einer Mittelklasselimousine bequem und fährt nach Immenstadt an den Alpsee.

Schön ist es hier am Fuß der Alpen allemal. Naturfreunde und Romantiker werden also schon mal zufrieden sein. Die Angebote, die die Bergwelt Alpsee darüber hinaus bereithält, werden auch den Rest der Reisegruppe, egal, wie unterschiedlich die Risikobereitschaft ausgeprägt ist, begeistern.

Der zentralen Attraktion, dem Alpsee Coaster, werden sich auch diejenigen nicht entziehen können, die sich für das Wochenende drei Bücher eingepackt haben, denn beim Wort Rodelbahn schießt nicht sofort Adrenalin ins Blut. Pfeift dann aber der erste der gelben Schlitten auf dünnen Schienen an einem vorbei, weiß man schnell, dass es bei dem knapp zehnminütigen Trip nicht wie auf einer Kremserfahrt zugeht. 68 Kurven auf einer Länge von 2,8 Kilometern erzeugen immense Fliehkräfte, mit bis zu 40 Stundenkilometern poltern die Schlitten über die 23 Wellen, vier Brücken und sieben Jumps! Wer genug hat, kehrt beim »Rodelwirt« ein, wer noch mal will, kann das bis in die Nacht hinein, denn die Strecke ist beleuchtet.

Die ganz Harten lassen sich mit der Sesselbahn zur Bärenfalle gondeln, Bayerns größtem Hochseilgarten. Auf 16 Parcours können sich Anfänger dort nach und nach bis zur Profihöhe von 15 Metern hinaufarbeiten. Am Ende des Tages haben die Verrückten Blasen an den Händen, die Gemütlichen haben Geschichten im Gepäck, und alle sitzen zusammen in einer netten Gastwirtschaft und fallen in weiche Betten.

Adresse Ratholz 24, 87509 Immenstadt, www.alpsee-bergwelt.de | **Anfahrt** aus Richtung Memmingen über A 7, bei Dreieck Allgäu auf A 980 in Richtung Lindau / Oberstdorf / B 12, bei Ausfahrt Waltenhofen auf B 19 in Richtung Oberstdorf / Immenstadt bis Ausfahrt Immenstadt-Süd / Rettenberg / Blaichach / Burgberg, im Kreisverkehr 2. Ausfahrt, weiter auf Sonthofener Straße, weiter auf Staufner Straße, weiter auf Bahnhofstraße, der B 308 in Richtung Großer Alpsee folgen, Parkplatz auf der linken Seite | **Öffnungszeiten** Sesselbahn / Kletterwald: Mai und Okt. Mo–So 9–17 Uhr, Juni und Sept. Mo–So 9–18 Uhr, Juli–Aug. Mo–So 9.30–19 Uhr; Alpsee Coaster: Mai und Okt. Mo–So 10–17 Uhr, Juni und Sept. Mo–So 10–18 Uhr, Juli–Aug. Mo–So 9.30–19 Uhr; Öffnungszeiten in der Wintersaison und an den Wochenenden siehe Website | **Tipp** Im Winter gibt's den Nervenkitzel in und um Immenstadt dann in Weiß, auf zehn Kilometer gepflegten Pisten aller Schwierigkeitsgrade, auf Loipen und auf der Naturrodelbahn.

51 Das Deutsche Sport & Olympia Museum

Entdecken, Ausprobieren, Erinnern

Im Kölner Zollhafen ist der gelblich graue Zollschuppen mit den Sportplätzen auf dem Flachdach schon von außen eine Attraktion. Innen findet sich bereits im Eingangsbereich für jede Generation ein Blickfang: der Meisterring Max Schmelings, Dirk Nowitzki auf dem Sprung zum Korbleger, Michael Schumachers Renault Benetton. Als Besucher braucht man also keine Dauerkarte bei einem Erstligisten oder eine Sammlung der Olympiamaskottchen von Mischa bis Waldi, um ins Staunen zu geraten.

Das Museum skizziert die Bedeutung des Sports von der Antike bis in die Gegenwart und besticht vor allem durch die Auswahl und die Präsentation seiner zeitgeschichtlichen Exponate: der silberne Fußballschuh des DDR-Fußballers des Jahres 1976, Alis Boxhandschuhe mit einer persönlichen Widmung oder die Glückwunschtelegramme Walter Ulbrichts und des westdeutschen Innenministers Gerhard Schröder an die Gewinnerin der 4x100-Meter-Lagenstaffeln der Olympischen Spiele 1960. Neben einem Zeitstrahl, angefüllt mit all diesen kleinen und großen Exponaten, gibt es Themenschwerpunkte in separaten Räumen. So zeigt beispielsweise ein englisches Wettbüro aus der Zeit um die vorletzte Jahrhundertwende den Einfluss der Briten auf die Welt des Sports. Die Sammlungen zu den Olympischen Spielen 1936 und 1972 werden den dunklen weltgeschichtlichen Ereignissen gegenübergestellt, die beide Veranstaltungen überschatteten.

An allen Ecken und Enden geht es aber auch um die Idee des Höher, Schneller, Weiter. So können Besucher selbst ausprobieren, ob ihre Sprungkraft für professionelles Basketball reicht oder wie es sich anfühlt, auf einem Rennrad durch die windigen Pyrenäen zu strampeln.

Das Deutsche Sport & Olympia Museum ist ein echtes Kleinod, man bekommt schnell einen Überblick, kann sich aber auch stundenlang in den spannenden Details verlieren.

Adresse Im Zollhafen 1, 50678 Köln, www.sportmuseum.de | **Anfahrt** A 4 Richtung Köln, weiter auf B 55a, Ausfahrt Richtung Niehl, rechts auf Niederländer Ufer/B 51, links auf Harry-Blum-Platz, weiter auf Im Zollhafen | **Öffnungszeiten** Di–Fr 10–18 Uhr, Sa, So und Feiertage 11–19 Uhr | **Tipp** Wer nach dem Besuch im Sportmuseum den Energiehaushalt auffüllen muss, kann das im benachbarten Schokoladenmuseum bei einer Tour durch die Kulturgeschichte der Schokolade samt Verkostung.

52 La Galana

Hemingway, Havanna und das Lebensgefühl

Die Geschichte des La Galana beginnt man am besten mit einem kleinen Abstecher in die Karibik des mittleren 20. Jahrhunderts: Damals schipperte Ernest Hemingway auf seiner geliebten Pilar um das kubanische Eiland, am Steuer des Bootes Gregorio Fuentes, ein kubanischer Fischer. Fuentes, bis zum Tod des Literaturnobelpreisträgers dessen Freund und Kapitän, gilt als Vorlage des alten Mannes aus Hemingways »Der alte Mann und das Meer«.

Knapp 40 Jahre nach dem Tod des Schriftstellers, am Milleniumsday, traf Annette Meisl auf den bereits 102-jährigen Fuentes, eine Begegnung, die ihr Leben verändern sollte. An diesem Abend nämlich, an dem die ganze Welt aufgeregt dem neuen Jahrtausend entgegenfieberte, wurde Meisl mit der kubanischen Lebensart infiziert, Rum trinkend, Zigarre rauchend, den Moment genießend. Diesen Zauber nahm die Kölnerin mit zurück in die Heimat und entwickelte daraus das La Galana: eine Zigarrenmanufaktur mit angeschlossener Lounge, die genau diesem kubanischen Lebensgefühl einen adäquaten Raum gibt. Doch es steckt weit mehr in dem Ladengeschäft, als man durch das kleine Schaufenster in der belebten Venloer Straße erahnt. La Galana ist nämlich längst zu einer Weltmarke geworden, als Geheimtipp ohne riesiges Vertriebsnetz fanden die Zigarren, deren Tabakblätter in Nicaragua und Honduras wachsen, sogar Eingang in Dieter H. Wirtz' Zigarrenbibel »Cigarren«.

Im Shop gibt es die in Übersee hergestellten La Galanas und andere Rauchspezialitäten zu kaufen. In der rückwärtigen Lounge kann man den kubanischstämmigen Zigarrendreherinnen bei der Arbeit zusehen, kann eine Frischgerollte rauchen, Kaffee, Rum oder beides trinken und im passenden Ambiente die Essenz dessen einatmen, was Annette Meisl bei ihrem Besuch bei Gregorio Fuentes selbst so verzaubert hat. In der Lounge veranstaltet sie auch Zigarren- und Rumseminare sowie andere karibische Events.

Adresse Venloer Straße 213–215, 50823 Köln, www.lagalana.de | **Anfahrt** A 4 Richtung Köln, weiter auf B 55a, weiter auf Innere Kanalstraße / L 100, Ausfahrt Richtung Lindenthal / Müngersdorf nehmen, links auf Innere Kanalstraße / L 100, rechts auf Venloer Straße / B 59 | **Öffnungszeiten** Mo–Sa 12–20 Uhr | **Tipp** Annette Meisl betreibt nicht nur das La Galana, sondern hat auch ein Buch geschrieben – »Fünf Männer für mich: Ein Sexperiment«, unterhaltsam und lehrreich gerade auch für den Mann.

53 Der Bunker

Der eine oder einer von über 1.000?

Wie war das damals eigentlich? Keine drei Jahrzehnte sind seit der Wiedervereinigung vergangen, und schon werden echte Erinnerungen von Kinobildern und Fernsehinszenierungen überlagert. Doch wen kann man fragen? Wo kann man hingehen, um tatsächlich einen Einblick in die Vorgänge abseits der allgemeinen realsozialistischen Lebenswirklichkeit zu bekommen? Der Bunker Kossa in der Dübener Heide in Nordsachsen ist ein guter Ort dafür. Er hilft zu verstehen, in welchem Vakuum des militärischen Status quo die DDR existierte.

Die Debatte um die tatsächliche Bedeutung dieser geheimen Anlage ist vor wenigen Jahren entbrannt und verleiht der unterirdischen Festung eine zusätzliche Bedeutung: Soll Kossa tatsächlich die bis heute unbekannte Führungsstelle für die Befehlshaber des östlichen Bündnisses im Angriffsfall gewesen sein? Der Führungsbunker des dann zu erwartenden Dritten Weltkrieges inmitten der verschlafenen Dübener Heide? Etwa zwei Millionen Soldaten hätte man von dort aus auf den Weg nach Westen geschickt. Begleitet von schwerem Kriegsgerät und konventionellen und nuklearen Bombardements, so zeigen es die wenigen bekannt gewordenen Unterlagen der Moskauer Strategen, war es das Ziel, in wenigen Tagen den Rhein und den Atlantik zu erreichen. Der Gedanke erzeugt selbst bei demjenigen eine Gänsehaut, der vom Gang durch die Anlagen bei Kossa nicht ohnehin beeindruckt ist.

Sicher ist, dass die von einem sechs Kilometer langen Hochspannungszaun umgebenen Bunker offiziell als Führungsstelle des Territorialen Militärbezirkes III Leipzig dienen sollten. Die 40 Meter langen Kfz-Röhren samt Militär-Lkw zeugen davon, der Nachrichtenbunker vollgestopft mit Funktechnik, der Führungsbunker selbst, luftdicht verschließbar, mit Arbeits- und Schlafräumen. Und egal, ob das nun die eine ganz bedeutende oder eine von über 1.000 solcher Anlagen ist: Militärische Propaganda und Paranoia gehörten eben auch zum Leben in der DDR!

Adresse Dahlenberger Straße 1, 04849 Kossa, www.bunker-kossa.de | Anfahrt von Leipzig aus über die B 2 bis Bad Düben, rechts auf Friedhofstraße / S 11, weiter auf Schmiedeberger Straße / S 11, weiter auf S-Weg / S 11, links auf L 27 Richtung Söllichau, rechts auf Brunnenstraße, weiter auf Bahnhofstraße, links auf Schwerdtweg, weiter auf W-Weg bis zum Bunker | Öffnungszeiten Mi–So 10–16 Uhr (letzter Einlass 14 Uhr), Führungen nur nach Voranmeldung 10 und 13 Uhr | Tipp Am Ende des Zweiten Weltkrieges begegneten sich die sowjetischen und amerikanischen Truppen noch freundschaftlich und unter großem Interesse der Weltöffentlichkeit in Torgau an der Elbe, 30 Kilometer südöstlich von Kossa. Die Reste der Brücke und das zugehörige Denkmal kann man dort besichtigen.

54 Panzerfahren

Stark, breit, laut, rußt

Wenn strahlende Männer auf alten russischen Panzern in den sachsen-anhaltischen Sonnenuntergang dröhnen, dann muss man sich in Nachsicht üben. Die wollen nur spielen. Und das können sie am Rande von Landsberg auch. Das kesselartige Gelände des Offroad-Teams hat mit einer Größe von ungefähr sechs Hektar die Ausmaße eines viel zu groß geratenen Buddelkastens für viel zu groß geratene kleine Jungs. Zwar wird hier nicht geschossen, dafür können die Männer nach Anleitung der Fahrlehrer mit einer ganzen Horde ihrer besten Kumpels in oder auf den Schützenpanzer BMP 1 klettern und das knapp 14 Tonnen schwere Stahlmonster, angetrieben von einem 300 PS starken V6-Dieselmotor, durch gefährliche Wasserlöcher, über rostige Autowracks und Steigungen bis zu 32 Prozent hinaufjagen. Die Bojewaja Maschina Pjechoty, das Kampffahrzeug der Infanterie, war in den 70er und 80er Jahren des vergangenen Jahrhunderts der meistgefahrene Schützenpanzer der Sowjetarmee und der Warschauer-Pakt-Staaten. Der BMP erreicht auf der Straße immerhin 65 Stundenkilometer und fährt auch im Gelände nicht viel langsamer, was dazu führt, dass die Knochen ganz ordentlich durchgeschüttelt werden.

Nicht so wendig, dafür um ein Vielfaches brachialer ist im Landsberger Kessel der riesige T 55 unterwegs. Das Ungetüm wiegt ganze 34 Tonnen und setzt diese dank der 600 Diesel-PS eines V12-Aggregates mit einer Geschwindigkeit von immerhin bis zu 60 Stundenkilometern in Bewegung. Mit seinen extrem breiten Ketten gibt es für den Bergepanzer beinahe keine Hindernisse.

Rund um diesen martialischen Spaß haben sich die Organisatoren einiges einfallen lassen und ein paar ordentliche Erlebnispakete zusammengestellt. Echte Männer können hier neben Mitfahrten, Selbstfahrten, Wasserdurchfahrten und Car Crashs in verschiedenen Kombinationen auch einen ganzen Herrenabend mit Rahmenprogramm oder sogar ihren Junggesellenabschied buchen.

Adresse Carlsfelder Straße 8, 06188 Landsberg, www.offroad-landsberg.de | Anfahrt A 9 bis Ausfahrt 13-Halle, weiter auf B 100 bis Landsberg, links auf Köthener Straße, nächste links auf Zörbiger Straße, links auf Brehnaer Straße, links auf Carlsfelder Straße | Öffnungszeiten Teilnahme nur nach vorheriger Anmeldung unter Tel. 034602/23885 oder team@offroad-landsberg.de | Tipp Knappe zwei Kilometer entfernt, in der Landsberger Straße, wird das regional bekannte Landsberger Bier gebraut. Die Brauerei bietet wochentags regelmäßig Führungen an.

55 Der Schmied

Alles, was scharf ist

»Ich habe Feuer gemacht!«, schreit der ausgemergelte Tom Hanks auf seiner Pazifikinsel und tanzt in der Robinsonade »Cast Away« einsam um die knisternden Zweige. Dieses urmännliche Gefühl kennt mit großer Sicherheit beinahe jeder Mann, wenn es ihm zum ersten Mal geglückt ist, den Kohlen im Grill zu einer orangeroten Glut zu verhelfen. Wenn Tom Hanks ein wenig Stahl zur Hand gehabt hätte, wäre der Inseltrip für ihn vielleicht ein wenig angenehmer verlaufen. Er hätte schmieden können. Nandger Franck kann schmieden, er kann das so gut und macht das so gern, dass er nicht nur seinen Bankjob an den Nagel gehängt hat, um den ganzen Tag nur noch zu schmieden, sondern er gibt auch noch regelmäßig Kurse, um auch in anderen Männern und auch Frauen das Schmiedefeuer zu entfachen. Was ihn natürlich mit Klaus Schmonsees verbindet, weiter vorn im Buch und am anderen Ende der Republik (siehe Seite 102).

Bei Franck kann der Messer- / Axt- / Schwertfreund im Webshop entweder eines der haltbaren und wunderschönen Einzelstücke kaufen. Er kann aber eben auch einen der gut 50 Kurse buchen, die der Selfmade-Schmied im Jahr anbietet. Eine gewisse Wartezeit sollte aber eingeplant werden, denn die Nachfrage ist groß. Wer aber einen Platz unter den vier bis sechs Schmiedenovizen ergattert, der erlebt die Entstehung eines Messers, einer Axt oder eben eines Schwertes in etwa 100 bis 150 Arbeitsschritten vom rohen Stahl bis zur scharfen Klinge. Während ein verhältnismäßig einfaches Damastmesser an einem Tag umsetzbar ist, muss der Kursteilnehmer für ein Katana, das japanische Samuraischwert, sechs Tage einplanen. Verschiedene Hotels und Ferienwohnungen in der Umgebung empfiehlt der Schmied auf seiner Website. Am Ende garantiert der Meister jedem seiner Schüler eine selbst geschmiedete, sensationell scharfe Klinge. »Ich habe ein Messer geschmiedet!«, würde Tom Hanks wohl rufen. »Stück davon!«, grüßt der Schmied.

Adresse Gewerbepark Brennerwasser, Am Brennerwasser 14, 36341 Lauterbach, www.schmiedeglut.de | **Anfahrt** A 5 Richtung Kassel, bei Ausfahrt 2-Alsfeld-Ost auf B 62 in Richtung Alsfeld / Bad Salzschlirf / Lauterbach / Schwalmstadt fahren, links abbiegen auf Hersfelder Straße / B 62, links abbiegen auf Am Bonfeld / B 254, weiter auf B 254, im Kreisverkehr 3. Ausfahrt (Umgehungsstraße / B 254) nehmen, links auf Johann-Ludwig-Struth-Straße, weiter auf Am Brennerwasser | **Öffnungszeiten** Kurse nach Terminvereinbarung über Homepage | **Tipp** Einen guten Kilometer entfernt befindet sich die Lauterbacher Burgbrauerei, die das Lauterbacher Pils in jahrhundertealter Tradition braut. Im angeschlossenen Brauereigasthof kann man das frisch vom Fass probieren.

56 Porsche Leipzig

Den Mythos erleben

Vier Sekunden! Denkt man an die ersten Eisenbahnpassagiere, die Angst davor hatten, angesichts der wahnsinnigen Geschwindigkeit der alten Eisenrösser sterben zu müssen, möchte man in hysterisches Lachen verfallen. Macht man sowieso, wenn die Anzeige »Launch Control« im Porsche 911 GT aufleuchtet und den Befehl gibt, den wohlgemerkt linken Fuß von der Bremse zu reißen, während der rechte die Maschine schon seit Sekunden auf Hochtouren hält. Dann explodieren die 400 PS unter dem Männerhintern, die Augäpfel werden in die Höhlen gedrückt, und das Wort Beschleunigung bekommt eine neue Bedeutung. In vier Sekunden von null auf hundert: Willkommen in der Porsche Erlebniswelt Leipzig!

Mühsam muss man nach dieser Erfahrung gegen die Amnesie ankämpfen. Vergessen sollte man allerdings nichts, denn die Leipziger Erlebnisprogramme des legendären Sportwagenbauers haben es in sich, nicht nur für potenzielle Porschekäufer, auch für den Otto-Normal-Verdiener.

Der ufoähnliche Bau der Architekten Gerkan, Marg und Partner, den man schon von der A 14 aus sieht, ist einzig und allein als Kundenzentrum konzipiert. Hier kann man den Zauber der Marke Porsche in all seinen Ausprägungen erleben: kann einen Blick auf historische, klassische, ausgefallene und aktuelle Fahrzeugmodelle werfen, kann bestens essen mit Rundumblick auf die Werkhallen und die hauseigene, knapp drei Kilometer lange Rennstrecke, kann einen Blick in die Produktion des Panamera, Cayenne und Macan werfen, und man kann Auto fahren oder besser Porsche.

Dabei lassen sich die einzelnen Angebote ganz verschieden kombinieren. Einfach gut essen, die geführte Werksbesichtigung, die rasante Fahrt im Renntaxi oder eben höchstselbst hinterm Steuer auf der Rennstrecke oder im Offroadbereich. Beeindruckend ist der Ausflug in die Welt der Zuffenhausener Sportwagenschmiede auf sächsischem Boden in jedem Fall.

Adresse Porschestraße 1, 04158 Leipzig, www.porsche-leipzig.com | **Anfahrt** A 14 Richtung Dresden/Leipzig/Flughafen, bei Ausfahrt 21-Schkeuditz Richtung Flughafen Leipzig/Halle fahren, rechts auf S 8, rechts auf S 8a, im Kreisverkehr 3. Ausfahrt (Porschestraße) nehmen | **Öffnungszeiten** nur nach Voranmeldung | **Tipp** Vom Restaurant des Kundenzentrums aus kann man in nordwestlicher Richtung den Flughafen Leipzig/Halle erkennen. Nach Voranmeldung kann man sich über den modernen Komplex und durch die fast 90-jährige Geschichte des Flughafens führen lassen.

57 Die Sternburg Brauerei

Willkommen im Sterniversum

Hoch bezahlte Marketingstrategen können monatelang in klimatisierten Besprechungsräumen brüten, manchmal gehen Marken einfach ihren eigenen Weg. Vielleicht war es gut, dass nach der Wende kaum jemand einen Pfifferling auf eines der ehemals begehrtesten ostdeutschen Biere gab. Vom neuen Standort aus, in der Leipziger Mühlstraße, wurde es deshalb als Billigprodukt auf den Markt geworfen. Ganz ohne Marketingplan, ohne Werbebudget, ohne Sponsorings und sonstigen Firlefanz. Der Preis musste für sich sprechen. Und das tat er. Das Sterni wurde der Freund des budgetbewussten Punks, des finanziell kaum besser gestellten Studenten, wurde zum Lebenselixier für Künstler und entwickelte aus sich selbst und der Situation heraus ein Underdog-Image. Das bot wiederum viel Raum für Identifikation, aber auch für Kreativität.

Heute gehört Sternburg zu den erfolgreichsten Bieren im Osten der Republik. Und wohl auch zu den ganz wenigen, um die sich ein authentischer Fankult entwickelt hat. Das Sterni wird von ungezählten Bands besungen, motiviert Freunde des kühlen Blonden aus dem Leipziger Osten zu epischen Bastelarbeiten, macht seine Chronik in Zuckerbergs digitalem Netzwerk zu einer der bewegtesten und hat sein eigenes Fanfest. Einmal im Jahr, immer am ersten Septemberwochenende, stürmen die Sterni-Jünger das Gelände der Brauerei, um auf die gemeinsame Leidenschaft anzustoßen, um Livemusik zu hören und miteinander zu spielen.

Doch Sternburg steht nicht nur für unbändigen Spaß und schräge Subkultur, sondern bringt auch echte Kunst hervor: 2013 gingen die besten Fan-Fotografien als edle Prints auf Tour durch Museen und Galerien, unter dem schönen Titel »Spätwerke der Feierabendkultur«.

Bei einer Brauereiführung, die im rot dekorierten Fan-Treff beginnt, kann man versuchen, den Zauber der Marke zu greifen, wird aber auch einen hochmodernen Betrieb zu sehen bekommen.

Adresse Mühlstraße 13, 04317 Leipzig, www.sternburg-bier.de | **Anfahrt** A 14 bis Ausfahrt 23-Leipzig-Mitte, B 2 Richtung Zentrum folgen, weiter B 2 folgen, links auf Prager Straße/B 2, links auf Mühlstraße | **Öffnungszeiten** Besichtigung samt Produktprobe nach vorheriger Anmeldung | **Tipp** In zehn Minuten ist man von der Brauerei zur Alten Messe gelaufen, dem ehemaligen Schaufenster der DDR. Heute gibt es in den alten Hallen und auf dem Gelände unter anderem eine Soccer World und einen Stadtstrand.

58 Das Völkerschlacht-denkmal

Viele tote Männer

Mehr als eine halbe Million Männer! Kämpfend, kapitulierend, sterbend, triumphierend. Männer aus ganz Europa. Und ein Mann, der bis heute die Geschichte des Kontinents nachhaltig prägte: Napoleon Bonaparte. In und um Leipzig erlitt er in der sagenumwobenen Völkerschlacht am 18. Oktober 1813, dem Höhepunkt der Befreiungskriege gegen die napoleonischen Truppen, seine größte Niederlage. An gleicher Stelle wurde 100 Jahre später nach den Entwürfen von Bruno Schmitz, der schon für die Gestaltung des Kyffhäuserdenkmals verantwortlich war, das mit 91 Metern größte deutsche und eines der größten europäischen Denkmäler errichtet: das Völkerschlachtdenkmal, das Völki – wie der Leipziger gern verniedlicht.

Den 120.000 Toten auf beiden Seiten, die während der Schlacht oder in ihrer Folge starben, ist es gewidmet. 26.500 Natursteinblöcke wurden in 15 Jahren Bauzeit im Leipziger Südosten zu einem wahren Koloss aufgeschichtet, 300.000 Tonnen soll er wiegen, hat irgendjemand ausgerechnet. Schön ist das Völkerschlachtdenkmal nicht direkt, eindrucksvoll ist es in jedem Fall. Ein Ort für Männer, das verspricht schon die martialische Architektur, die sich im trapezförmigen Teich am Fuße des Denkmals spiegelt. In Stein gehauen finden sich die ganz besonders kriegerischen Männer dann auch überall am und im Denkmal wieder. Als Wächter an der Außenseite der Kuppel, als trauernde Soldaten in der Krypta oder als personifizierte kriegerische Tugenden in der Ruhmeshalle.

Zu diesen Tugenden gehört auch Tapferkeit, als Besucher sollte man die auch mitbringen. 365 Stufen sind es immerhin bis zur oberen Aussichtsplattform, die sich in einer immer enger werdenden Steintreppe durch das Innere des Kolosses quält. Der Audioguide schärft den Blick für die vielen Details und liefert Hintergrundwissen zur Schlacht, übrigens äußerst unterhaltsam und auf Sächsisch.

Adresse Straße des 18. Oktober 100, 04103 Leipzig, www.stadtgeschichtliches-museum-leipzig.de | **Anfahrt** A 14 Richtung Dresden / Leipzig, bei Ausfahrt 23 Richtung Leipzig-Mitte auf B 2 in Richtung Wittenberg / Bad Düben / Delitzsch fahren, weiter auf Maximilianallee / B 2, links auf Am Gothischen Bad / Rackwitzer Straße / B 2, rechts auf Brandenburger Straße / B 2, links auf Prager Straße / B 2, rechts auf Johannisallee, links auf Straße des 18. Oktober | **Öffnungszeiten** April – Okt. Mo – So 10 – 18 Uhr; Nov. – März Mo – So 10 – 16 Uhr | **Tipp** Der nahe Napoleonstein vor der Einfahrt zum Südfriedhof steht an der Stelle der während der Völkerschlacht zerstörten Quandtschen Tabaksmühle, die Befehlsstand Napoleons war. Von hier aus soll er den Rückzugsbefehl gegeben haben.

59 Der Planwagen

Nicht nur nach Westen

Langsam klappert der kleine Planwagen durch die flache Landschaft. Der Weg ist das Ziel, und das Leben passiert jetzt. Die Sonne gibt die Richtung vor: nach Westen, wohin sonst? Eingepfercht in den streng organisierten Alltag voller Regeln, Pflichten und Erwartungen, sind es die Geschichten der Abenteurer, der Pioniere, derer, die sich befreit haben von gesellschaftlichen Zwängen, die vor allem Männer immer wieder zur Flucht in Phantasiewelten anregen.

In Seegrehna, einem ländlichen Ortsteil von Wittenberg in Sachsen-Anhalt, muss man nicht mit der Phantasiewelt eines Buches, eines Filmes oder eines Computerspiels vorliebnehmen, hier beginnt der reale Ausstieg nach Manier amerikanischer Siedler, zumindest auf Zeit.

Peggy Guszahn verleiht unter dem Slogan »Natürlich Reisen mit Pferd und Wagen« gut ausgestattete Planwagen samt kräftiger und gleichmütiger Kaltblüter, sie weist ein, informiert und schlägt Routen vor, die natürlich nicht nur nach Westen führen. Kreuz und quer geht es mit dem Wagen je nach Vorliebe durch die reizvolle Natur Sachsen-Anhalts, hinein in das Biosphärenreservat Mittlere Elbe mit seinen weiten Auenlandschaften voller Biber und Graureiher, hin zu den kleinen Seen und grünen Wiesen oder aber direkt ins UNESCO-Welterbe Dessau-Wörlitzer Gartenreich mit seinen unzähligen kleinen Schlössern und Gartenanlagen und dem weltberühmten Wörlitzer Park.

Am Abend sucht man sich dann ein lauschiges Plätzchen, putzt und versorgt Eklar, Teddy, Veith oder Bodo, baut die mobile Koppel auf, brät die Bohnen mit Speck am offenen Feuer und schaut der untergehenden Sonne und den Sternen am Himmel zu, während Old Shatterhand, der Marlboro-Mann und John Wayne zu Banjo- und Mundharmonikaklängen ein Lied anstimmen. Und am Morgen geht es dann mit dem Gesang der Vögel weiter nach Osten, Westen, Norden oder Süden, immer in Richtung Freiheit.

Adresse Mühlstraße 2a, 06888 Lutherstadt Wittenberg, www.der-planwagen.de | **Anfahrt** von Wittenberg aus auf Kleine Rothemarkstraße nach Süden Richtung Dobschützstraße, links auf Dobschützstraße, Hafenbrücke / B 2, rechts auf Dessauer Ring / B 187 / B 2, rechts auf Leipziger Straße / B 2, rechts Richtung Kienbergstraße / L 131, im Kreisverkehr 3. Ausfahrt (Kienbergstraße / L 131), links auf Mühlstraße | **Öffnungszeiten** April – Okt., Infos zur Buchung auf der Website | **Tipp** Wer in Seegrehna ist, der muss auch dem Zentrum von Wittenberg einen Besuch abstatten. Hier hat ein ganz besonderer Mann gewirkt: Luther. An die Schlosskirche soll er seine 95 Thesen genagelt haben, die Grundlage für die Reformation waren.

60__Der Kanupark Markkleeberg

Ergib dich den Fluten

Erst ist alles ganz still. Der Markkleeberger See im Hintergrund glitzert, die aufgeforstete Tagebaufolgelandschaft des Leipziger Südraums rahmt die Szene ein in sanftes Grün. Die Betonkonstruktion wirkt irgendwie unfertig, so nackt, besonderen Nervenkitzel löst sie aber nicht aus.

Doch dann geht alles ganz schnell, auf Knopfdruck schießen, beschleunigt durch riesige Pumpen, bis zu 14.000 Liter Wasser in der Sekunde durch den Kanal, suchen sich aus über fünf Metern Höhe auf einer Länge von 270 Metern ihren Weg hinab auf Seeniveau: So erwacht der Kanupark Markkleeberg zum Leben! Während das Wasser wild rauschend zum Wildwasser wird, rattert auch schon das Förderband los und bringt das erste vollbesetzte blaue Schlauchboot vom Ziel- ins Startbecken. Angespannte Gesichter, eingeklemmt zwischen Schwimmwesten und Helmen, holzschnittartige Bewegungen der Paddel streng nach Ansage des Guides. Der wiederum hockt vollkommen lässig ganz hinten auf dem Rand des Bootes, auf Helm und Weste verzichtet aber auch er nicht. In einer lang gezogenen S-Kurve nimmt das Wasser die Boote mit über verschiedene Stufen, vorbei an Hindernissen hinab bis zur Wende, der engen Rechtskurve des Kurses, von hier aus geht es nicht weniger rasant bis ins Ziel. Hier zeigt sich die individuelle Konstitution der Passagiere. Manche streben sofort wieder zum Förderband, andere müssen sich erst einmal sammeln.

Der Kanupark Markkleeberg ist eines der wenigen steingewordenen Relikte der Bewerbung Leipzigs um die Olympischen Spiele 2012. Heute ist die schön gestaltete Anlage samt Café mit Aussichtsterrasse zwar nach wie vor wettbewerbstauglich, letztendlich aber auf eine touristische Nutzung ausgerichtet. Neben dem klassischen Rafting kann man sich übrigens auch im Kajak, beim Tubing auf einem Reifen oder beim sagenumwobenen Hydrospeed auf einer Art Kunststoffrakete in den Kanal wagen.

Adresse Wildwasserkehre 1, 04416 Markkleeberg, www.kanupark-markkleeberg.de | **Anfahrt** A 38 Richtung Göttingen/Leipzig-Südost/A 9/München, bei Ausfahrt 32-Leipzig-Südost Richtung Naunhof/Großpösna fahren, rechts auf S 242, rechts auf Auenhainer Straße/K 7923, links auf Bornaer Chaussee, rechts auf Wildwasserkehre | **Öffnungszeiten** Gastronomie März–Okt. Mo–So ab 10 Uhr; Nov.–Feb. Sa, So, Feiertage ab 10 Uhr; Rafting Mai–Okt. nach Anmeldung unter Tel. 034297/141291 oder www.kanupark-buchung.de | **Tipp** Wer ein Freund von Miniaturwelten ist, der kann von hier aus direkt gegenüber zum Modellbaupark Auenhain schlendern, alle anderen stürzen sich in die Fluten des Markkleeberger Sees.

61 Das Erlebnis Bergwerk Merkers

Bei den Herren des weißen Goldes

Salz. Aus Großmutters Porzellanstreuer rieselt es beinahe ein wenig langweilig aufs sonntägliche Frühstücksei. Dass aber höchstens die Mammutjagd männlicher als der Salzabbau ist, das erfährt man eindrucksvoll bei einem Besuch in Merkers-Kieselbach am Rande der thüringischen Rhön. Im zweistöckigen Mannschaftsaufzug saust man hier einen halben Kilometer hinab. Die Erdwärme heizt die riesigen Räume, entstanden durch Sprengungen und maschinellen Abbau, auf bis zu 28 Grad. Auf Mannschaftswagen beginnt die Tour durch das Erlebnisbergwerk, durch Höhlen und Gänge auf einer Gesamtlänge von über 20 Kilometern – nur der stillgelegte Bruchteil des 1.000 Quadratkilometer großen Werra-Fulda-Kalireviers.

Die Steiger, die hier als Tourguides fungieren, lassen am Mythos des Bergbaus als Männerdomäne keinen Zweifel: ein Ort für Männer mit ihren riesigen Maschinen, bewaffnet mit Helm, Hacke und Bergmannsfusel, Seite an Seite mit Kumpel Gefahr. Tonnen über Tonnen Salz zur Düngemittelproduktion oder auch als Lebensmittel wurden hier aus dem Berg gerissen.

Die rasante Fahrt auf den Ladeflächen der Kleinlaster quetscht die Bandscheiben. Der Blick in die Kristallgrotte entspannt durch die meditative Schönheit riesiger bunt glitzernder Salzkristalle. Die wahrscheinlich tiefste Bar des Landes versorgt den Durstigen. Eine Lasershow setzt den Konzertsaal in Szene. Im unterirdischen Museum wird die Geschichte des Salzbergbaus illustriert. Dem Goldraum stattete 1945 Eisenhower persönlich einen Besuch ab, um die geheime Lagerstätte der Nazis zu begutachten und den Befehl zur Räumung der Gold- und Devisenbestände sowie Kunstschätze zu geben. Drei Stunden sind hier unten nichts. Mann muss deshalb wiederkommen, zur unterirdischen Mountainbiketour, zum Kristallmarathon oder um den Hochseilgarten auszuprobieren. Glück auf!

Adresse Zufahrtstraße 1, 36460 Merkers-Kieselbach, www.erlebnisbergwerk.de | **Anfahrt** A 4 Richtung Berlin, bei Ausfahrt 33-Friedewald Richtung Bad Salzungen/Philippsthal/Hohenroda fahren, links auf B 62, links auf Badelacher Weg/B 62/B 84, weiter auf B 62, rechts auf Zufahrtstraße | **Öffnungszeiten** Führungen April–Nov. Di–So 9.30 und 13.30 Uhr; Dez.–März Di–Sa 9.30 und 13.30 Uhr, So 13.30 Uhr, alle anderen Angebote nach Terminvereinbarung | **Tipp** Nur 30 Kilometer südwestlich von Merkers-Kieselbach zeigt die Gedenkstätte Point Alpha samt angeschlossenem Museum die Geschichte der innerdeutschen Grenze und des Kalten Krieges am historischen Ort des gleichnamigen US-Beobachtungspostens.

62 Die Abtei Königsmünster

Im Haus der Stille oder Kloster auf Zeit

Der schnittige junge Mann, der 15 Stunden täglich im Büro verbringt, danach stundenlang mit Geschäftspartnern beim Japaner sitzt, der schwimmt, Rad fährt, läuft, Kafka zitiert, bei Opern weint, seine Ferien beim Brunnenbau in Afrika verbringt und sich trotzdem noch aufopferungsvoll um seine Familie kümmert, existiert nur im multimedialen Werbeuniversum. Alle anderen erodieren vom ewigen Fahrtwind permanenter Beschleunigung, verlieren sich, ihre Mitte.

Die Benediktiner der Abtei Königsmünster wissen das, und auch der Architekt Peter Kulka. Aus dieser Partnerschaft entstand auf dem Klosterberg in Meschede das Haus der Stille. Ein preisgekrönter beton- und glasgewordener Ausdruck des zunehmenden Bedürfnisses nach Ruhe und innerer Einkehr. Hier kann man ankommen und bestenfalls sich selbst oder sogar Gott begegnen. Allein der Bau des gebürtigen Dresdners Kulka, der zum Beispiel den Sächsischen Landtag verantwortete, ist eine Offenbarung. Er öffnet sich nämlich hin zum Tal der Ruhr im schönen Hochsauerland, bietet aber auch Schutz, Stabilität und Klarheit für seine Gäste. 20 von ihnen kann das Haus, das mit Kapelle, Kreuzgang und Refektorium als Neuinterpretation eines Klosters zu verstehen ist, aufnehmen. Sie können hier schlafen, essen, beten, meditieren und die überraschend vielfältigen Kurse besuchen, die die Benediktiner mit Externen und Referenten aus den eigenen Reihen organisieren. Von verschiedenen Formen der Exerzitien über Angebote zu Kontemplation und Zen-Meditation bis zu Yoga, Qigong und Tai-Chi – den Mönchen geht es bei ihren Angeboten in erster Linie um das Aufstoßen einer spirituellen Tür.

Wer als Mann diesen Weg noch intensiver verfolgen möchte, den Mönch in sich entdecken will, der kann sich über den Besuch im Haus der Stille hinaus auch über einen längeren Zeitraum aktiv am Klosterleben beteiligen.

Adresse Klosterberg 11, 59872 Meschede, www.koenigsmuenster.de | Anfahrt A 46 bis Ausfahrt 70-Meschede, auf Warsteiner Straße / B 55, rechts auf Pulverturmstraße, rechts auf Klosterberg | Öffnungszeiten übernachten im Haus der Stille nach Anmeldung | Tipp Auf dem Klosterberg finden sich neben dem Haus der Stille das Jugendgästehaus Oase, ein Gymnasium, das eigentliche Kloster samt Laden mit klostereigenen Produkten und die interessante Abteikirche im Stil der späten 60er.

63__Das Neanderthal Museum

Der nette Onkel aus der Steinzeit

Was wissen wir schon über die Steinzeit und die Menschen, die damals lebten? Zottelige, fleischfressende Wilde jagen Mammuts und bekritzeln Höhlenwände mit infantilen Zeichnungen. Statt iPhone Faustkeil, statt Lacoste oder Boss die immergleiche Fellkluft. Die lieben Verwandten kann man sich eben nicht aussuchen. Der nette Onkel der Steinzeit, der, der immer Süßigkeiten dabeihat, ist aber ganz klar der Homo neanderthalensis, Spitzname: Neandertaler. Vielleicht projizieren wir unsere romantische Vorstellung des steinzeitlichen Gutmenschen deswegen so gern auf ihn, weil er vor vermutlich 30.000 Jahren von der Bildfläche verschwand. Wie ein zu früh gestorbener Rock- oder Leinwandstar bleibt er der ewig Unvollendete mit der glänzenden Zukunft. Ein Supertyp, dieser Neandertaler.

Im Neanderthal Museum in Mettmann kann man nicht nur all den widerlegten und bewiesenen Theorien über diesen engen Verwandten des Homo sapiens nachgehen, sondern die gesamte evolutionäre Entwicklung der Menschheit in einer ausgezeichneten und multimedial ergänzten Ausstellung erleben. Aber natürlich steht der Neandertaler in diesem Haus inmitten des Neandertals im Zentrum. Ganz in der Nähe wurden schließlich 1856 bei Kalkabbauarbeiten die ersten Knochen dieser Spezies entdeckt. Die Fundstelle, die in der Folge lange Zeit als verschollen galt, ist mittlerweile wiederentdeckt worden und als Teil des Museumskonzeptes begehbar.

Spannend ist ein Besuch gerade auch angesichts des vor Kurzem nachgewiesenen Gentransfers des Homo neanderthalensis auf den Homo sapiens. So kann man sich in Mettmann auf die Suche nach äußerlichen Ähnlichkeiten oder Angewohnheiten begeben, die sich auf die Verwandtschaft mit dem verloren geglaubten Onkel zurückführen lassen. Vor allem die lebensgroßen und lebensechten Rekonstruktionen ganzer Familien helfen dabei, den Neandertaler in sich zu entdecken.

Adresse Talstraße 300, 40822 Mettmann | Anfahrt A 46 aus Richtung Wuppertal-Düsseldorf bis Abfahrt Hilden (28), ab dort Ausschilderung Neandertal folgen, A 3 aus Richtung Köln-Oberhausen bis Abfahrt Mettmann, Richtung Mettmann, ab dort Ausschilderung Neandertal beziehungsweise Neanderthal Museum | Öffnungszeiten Di–So 10–18 Uhr | Tipp Hape Kerkeling hat die Existenz Mettmanns mit seiner Komödie »Samba in Mettmann« ins allgemeine Bewusstsein eingebrannt. Doch auch Campino war schon hier. Als Kind wohnte seine Familie in der Kleinstadt, und der Frontmann der Toten Hosen besuchte die noch heute bestehende Astrid-Lindgren-Grundschule.

64 Das CERN

Schwarze Löcher und Gottesteilchen

Was machen die da eigentlich? Dan Brown sollte man danach nicht fragen. Schließlich wollte in seinem Erfolgsthriller »Illuminati« der falsche Papst den Vatikan mit Antimaterie aus Meyrin in die Luft sprengen: Falls Sprengung überhaupt die richtige Umschreibung für das ist, was in so einem Fall passieren würde. Fragen Sie da einfach den Physiker Ihres Vertrauens.

Klar ist: Die machen da gefährliche Sachen. So gefährlich, dass die Boulevardpresse dankend auf die Möglichkeit für den Anfang des Endes dieser Welt hinwies, als der LHC, der Large Hadron Collider, der Teilchenbeschleuniger also, 2008 erstmals Protonen kollidieren lassen sollte. Dass das Ende der Welt sowieso längst beschlossen ist, dass man am CERN damit aber wenig zu tun hat, ist abseits des Boulevards aber kein Geheimnis.

Stellt sich also wieder die Frage: Was um Himmels willen machen die da eigentlich? Und die Antwort darauf ist nicht etwa 42, sondern ziemlich einfach: Die European Organization for Nuclear Research, so der offizielle Name, kümmert sich ums große Ganze und geht dabei ins allerkleinste Detail. Über 3.000 Mitarbeiter und 10.000 Gastwissenschaftler erforschen hier, wie das Universum funktioniert und woraus es besteht. So richtig in den Fokus der öffentlichen Wahrnehmung rückte die von mittlerweile 20 Mitgliedsstaaten betriebene internationale Forschungseinrichtung im Kanton Genf zwar erst in den vergangenen Jahren, existieren tut sie aber schon seit 1954.

Und auch wenn all das nach grimmigen Wachleuten und Netzhautscannern klingt, CERN steht Besuchern offen, zumindest in einigen Bereichen. Es gibt regelmäßig Führungen, und die sensationellen Ausstellungen »Microcosm« und »Universe of Particles«, beheimatet im atemberaubenden Globe, sind täglich und kostenfrei zugänglich. Ein Besuch im CERN ist einmalig spannend und schärft den Blick für die unsichtbaren Details dieser Welt.

Adresse Route de Meyrin 385, 1217 Meyrin, Schweiz, Besucherrezeption in Gebäude 33, www.cern.ch | **Anfahrt** über A 1 bis Ausfahrt Meyrin Richtung Vernier / Genève-Centre, rechts auf Route de Meyrin, im Kreisverkehr 2. Ausfahrt, um auf Route de Meyrin zu bleiben bis CERN | **Öffnungszeiten** Führungen nach Anmeldung über die Besucherwebsite outreach.web.cern.ch, Ausstellungen im Globe »Universe of Particles« Mo–Sa 10–17 Uhr, »Microcosm« Mo–Fr 8.30–17.30 Uhr, Sa 9–17 Uhr | **Tipp** Genf samt See ist nur fünf Kilometer entfernt, muss Mann natürlich beides gesehen haben. In der schönen Schweizer Stadt hat die UNO ihr Hauptquartier, das auch besichtigt werden kann.

65_Die Deutsche Raumfahrtausstellung

Ein Ort extraterrestrischer Heldentaten

»Der Weltraum, unendliche Weiten. Wir schreiben das Jahr 2200. Dies sind die Abenteuer des Raumschiffs Enterprise, das mit seiner 400 Mann starken Besatzung fünf Jahre unterwegs ist, um fremde Galaxien zu erforschen, neues Leben und neue Zivilisationen.«

Gibt es einen besseren Traumberuf als Astronaut/Kosmonaut? Gibt es einen Ort, der eine größere Anziehungskraft ausstrahlt als das Weltall? Ein Ort, der hier ist und dort und überall, der Antworten auf alle gestellten und ungestellten Fragen verspricht. Ein Ort, der Hoffnung verheißt, der aber auch die Urangst vor dem Unbekannten schürt. Das All mit seinen fernen Sternen, Planeten, Galaxien und riesigen schwarzen Löchern übt auf uns seit Menschengedenken einen unwiderstehlichen Reiz aus. Neben all den Männern (und Frauen), die dieser Sehnsucht im Kino, vor dem Fernseher oder bei der Lektüre dicker Science-Fiction-Wälzer und bunter Comichefte nachgeben, gibt es seit den 60er Jahren des vergangenen Jahrhunderts in jeder Generation kaum mehr als eine Handvoll Menschen, die sich diesen Traum erfüllen, die die Erdoberfläche verlassen und in den weiten Raum eintauchen. Sigmund Jähn hat das 1978 geschafft. Als erster Deutscher flog er ins All, in den Kosmos. Damit hat Jähn zumindest eine virtuelle Schleuse geöffnet, die den tiefen, geheimnisvollen Weltraum mit dem idyllischen, etwas verschlafenen sächsischen Vogtland verbindet, mit Morgenröthe-Rautenkranz, Jähns Geburtsort in der Gemeinde Muldenhammer. Dort hat man ihm ein Museum gewidmet, die Deutsche Raumfahrtausstellung, und dort holt Jähn sie noch heute regelmäßig hin, die mittlerweile oftmals abseits der großen Öffentlichkeit agierenden Helden des Kosmos. So finden sich in der spannenden Ausstellung nicht nur Informationen und interessante Modelle rund um die unbemannte und bemannte Raumfahrt, sondern auch viele persönliche Erinnerungsstücke der Kollegen des ersten Deutschen im All.

Adresse Bahnhofstraße 4, 08262 Muldenhammer, www.deutsche-raumfahrtausstellung.de | **Anfahrt** aus Richtung Zwickau B 94 bis Rodewisch, rechts auf Lindenstraße B 169 bis Auerbach, links auf Breitscheidstraße, weiter auf Klingenthaler Straße, in Jägersgrün links auf Klingenthaler Straße bleiben, wird zur Schönheider Straße, rechts auf Morgenröther Straße, im Kreisverkehr 2. Ausfahrt auf Bahnhofstraße | **Öffnungszeiten** Mo–So 10–17 Uhr | **Tipp** Als erster Schritt in Richtung Unendlichkeit bietet sich eine Wanderung durch die Waldgebiete des Vogtlandes an, die beinahe kosmische Stille wird nur unterbrochen vom Zwitschern der Vögel, vom Rauschen der Fichten und vom Plätschern der Bäche.

66 Die Eisbachwelle

Surf den Fluss

Hawaii ist ein halbes Leben entfernt, wenn man in München lebt. Der Eisbach aber, der als Nebenarm der Isar den Englischen Garten durchfließt, ist gleich um die Ecke, mitten in der Stadt, und schafft so eine zumindest ideelle Verbindung zu den Pazifikinseln. Denn die Eisbachwelle, unterhalb der Eisbachbrücke, die die sechsspurige Prinzregentenstraße über den schmalen, aber wilden Strom trägt, ist einer der heißesten Surfspots der Erde. Wer denkt das schon, wenn er sich hier durch den Feierabendverkehr der schönen Bayernmetropole am Fuße der Alpen drängelt.

Doch die Flusssurfszene wurde maßgeblich von München aus beeinflusst. Seit den 1970er Jahren stehen hier Männer auf Brettern in der ewigen Welle, sodass zumindest gemutmaßt wird, dass die Eisbachwelle die meistgesurfte Welle der Welt ist. Rein statistisch gar nicht so abwegig, denn auch die beeindruckendste Big Wave an einem weit entfernten Strand bricht irgendwann, die Eisbachwelle nie. So richtig berühmt wurde der lange als Geheimtipp gehandelte Surfspot aber erst in den vergangenen Jahren. Lokal durch den Streit um Verbot oder Legalisierung des nicht gerade ungefährlichen Ritts auf dem Eisbach, überregional durch mediale Präsenz vor allem im World Wide Web. Die Fotos und Videos auf ungezählten Portalen sind mindestens spektakulär und spülen mittlerweile die Stars der weltweiten Surferszene an die Isar, also an den Eisbach. Hier drängt sich mittlerweile an heißen Tagen die bunte Wellenreiterschar dicht an dicht, was auch den Zuschauern auf der Brücke oder an den Ufern eine unendliche Flut von atemberaubenden Bildern liefert. Die Verbindung urbaner Geschäftigkeit und urgewaltiger Naturkräfte macht die Eisbachwelle zu einem besonders schönen Ort für echte Männer.

Ungeübten Flusssurfern sei die Welle am Floßlände empfohlen, die läuft deutlich ruhiger und bietet Anfängern so einen ungefährlichen Einstieg.

Adresse Prinzregentenstraße, 80538 München, www.eisbachwelle.de | Anfahrt A 9 bis Ausfahrt 76-München-Schwabing, links in Richtung Mittlerer Ring Ost/Messe/ICM, auf Schenkendorfstraße/B 2R bis Ausfahrt Richtung Am Tucherpark, weiter auf Ifflandstraße, Hauptstraße geradeaus folgen, rechts auf Prinzregentenstraße bis zur Eisbachwelle | Tipp Wir befinden uns hier am südlichen Ende des Englischen Gartens, eines der größten Stadtparks der Welt, da muss man nach Sehenswürdigkeiten nicht lang Ausschau halten.

67 Die Globetrotter Erlebniswelt

Erfroren, durchnässt, glücklich

Ich kenne wenige Männer, für die der Ausflug in ein Shoppingcenter auch nur annähernd so reizvoll ist wie für viele Frauen. Frauen müssen nämlich anfassen, anprobieren, kombinieren, riechen, fühlen. Dieses Einfühlen überfordert aber die meisten Männer. Deshalb kaufen viele von ihnen gern im Internet. Da lassen sich Filter nach logischen Gesichtspunkten erstellen: Zweck, Art, Größe, Preis. Damit grenzt der Mann die Auswahl so weit wie möglich ein. Kann bestenfalls komplett rational entscheiden. Natürlich birgt diese Einkaufsform Gefahren. Drückt der Schuh letztendlich, ist die Jacke zu warm oder passt der Schlips einfach nicht zur Augenfarbe, ist das ja noch zu verschmerzen. Reißt aber die Halteleine, schimmelt das Zelt oder leckt der Kajak, kann das schnell unangenehm werden. Deshalb hat Globetrotter in München – aber auch in Köln, Dresden, Berlin und Frankfurt – Erlebnisfilialen geschaffen, die ein wenig wie Spielplätze für erwachsene Männer anmuten.

Da gibt es nicht nur Zigtausende Artikel aus den Bereichen Outdoor und Reise auf vier Etagen und 6.500 Quadratmetern, sondern auch einige echt pfiffige Spielereien. Die sollen einerseits natürlich zum Kauf verführen, andererseits den Käufer auch vor bösen Überraschungen bei der Nutzung bewahren. So kann der Mann hier die Funktionsbekleidung für den Trip auf den nächsten Fünftausender in der Höhenkältekammer unter realen Bedingungen testen. An der Kletterwand kann er ausprobieren, ob die Traglast der Leine genügt. Die Regenjacke muss richtigen Regen aushalten und kann das in der Regenkammer unter Beweis stellen, und im Kanubecken samt Gegenstromanlage ist die nächste Paddeltour dann zum Greifen nah.

Das alles ist so gut präsentiert, dass Mann am Ende dieses Besuches bei Globetrotter nur noch in eines der Zelte krabbeln und einschlafen möchte. Ein kleiner Erlebnisurlaub für zwischendurch.

Adresse Isartorplatz 8–10, 80331 München, www.globetrotter.de | **Anfahrt** A 9 Richtung München, Ausfahrt 76-München-Schwabing links Richtung Mittlerer Ring Ost/Messe/ICM, Schenkendorfstraße/B 2R, Ausfahrt Richtung Am Tucherpark, Ifflandstraße, Widenmayerstraße, Emil-Riedel-Straße, Oettingenstraße, rechts auf Prinzregentenstraße, links auf Von-der-Tann-Straße, Franz-Josef-Strauß-Ring, Karl-Scharnagel-Ring, Thomas-Wimmer-Ring, links auf Isartorplatz | **Öffnungszeiten** Mo–Sa 10–20 Uhr | **Tipp** Wenn Mann schon einmal hier ist, empfiehlt sich ein Besuch schräg gegenüber, im Bier- und Oktoberfestmuseum in der Sterneckerstraße. Prost, oide Wuaschdhaut!

68__Das Jagd- und Fischereimuseum

Halali und Petri Heil

Die Jagd ist etwas Urmännliches, das wird kaum jemand bestreiten. In den zurückliegenden Jahrtausenden der Entwicklung menschlicher Zivilisation ist sie jedoch durch Viehzucht, Ackerbau, Industrialisierung und allem, was so danach kam, ein wenig an den Rand des alltäglichen männlichen Tätigkeitsspektrums geraten. Heute ist die Jagd eher das exzentrische Hobby derer, die sonst eigentlich nur noch das bereits vorhandene Geld für sich arbeiten lassen: zu Zeiten der Jäger und Sammler, und für den einen oder anderen auch heute noch, eine surreal anmutende Vorstellung.

Was aber von der Jagd blieb, als eine der letzten Bastionen rein männlicher Einkehr, ist das Angeln: Stille, Konzentration, Adrenalin! Und weil Münchens belebteste Einkaufsstraße von der Stille so weit entfernt ist wie der Neptun von der Sonne, ist man ein wenig überrascht, wenn man an so exponierter Stelle, zwischen all den Headstores internationaler Nobelmarken, zwischen Frauenkirche und Marienplatz, zwischen all dem Prunk und Glitzer, auf ein bronzenes Wildschwein stößt. Irgendwie fehl am Platz und doch wieder richtig, verbindet es das München der Schickeria mit bayerischer Tradition und weist so den Weg hinein in das Deutsche Jagd- und Fischereimuseum. Kein piefiges Klubhaus, keine verstaubte Privatsammlung, sondern 3.000 Quadratmeter Ausstellungsfläche im Inneren der sensationell schönen ehemaligen Augustinerkirche.

Innen drin stößt man auf alles, was gejagt und geangelt werden kann und was man zum Jagen und Angeln benötigte und noch benötigt. Man findet fast 1.000 präparierte Tiere, vom Vogel über den Fisch bis zum Wild, findet Gemälde, Handzeichnungen und Grafiken, kann Jagdwaffen bestaunen und sich über den dazu passenden Schmuck wundern. Immer wieder schweift der Blick aber auch in die Tiefe des großartigen Gebäudes. Ein seltsam schöner Ort!

Adresse Neuhauser Straße 2, 80331 München, www.jagd-fischerei-museum.de | Anfahrt A 9 Richtung München, bei Ausfahrt 76-München-Schwabing links Richtung Mittlerer Ring Ost/Messe/ICM fahren, Schenkendorfstraße/B 2R, Ausfahrt Richtung Am Tucherpark, Ifflandstraße, Widenmayerstraße, Emil-Riedel-Straße, Oettingenstraße, rechts auf Prinzregentenstraße, links auf Von-der-Tann-Straße, Franz-Josef-Strauß-Ring, Karl-Scharnagl-Ring, Thomas-Wimmer-Ring, Frauenstraße, links auf Blumenstraße, 1. rechts auf Corneliusstraße, 1. rechts auf Prälat-Zistl-Straße, links auf Rosental, links auf Oberanger, 2. rechts auf Hermann-Sack-Straße, Hackenstraße, wird zur Brunnstraße, rechts auf Damenstiftstraße, 1. rechts auf Altheimer Eck, 1. links auf Färbergraben | Öffnungszeiten Mo–So 9.30–17 Uhr, Do 9.30–21 Uhr | Tipp Im Herzen der Hauptstadt des Freistaates dringt die Kaufkraft aus jeder Ritze, die Einzelhandelsdichte ist hier schwindelerregend hoch, Headstore an Headstore, finden sich hier die Weltmarken, hier kann auch Mann das Ersparte sinnvoll in die schönsten Sinnlosigkeiten investieren. Gute Jagd!

69 Die High-Life-Divers im Sea Life

Haialarm im Olympiapark

Das Badezimmer taugt für viele Männerträume. Hier wird der Mann unter der Dusche zum Startenor, in der Badewanne zum Kapitän, oder er geht mit Schnorchel und Taucherbrille auf die Reise in eine Unterwasserwelt, in der es jedoch nur Plastikentchen und die eigenen Körperteile zu entdecken gibt. Mut und das Vertrauen in Physik und Technik gehören dazu, wenn man den Schnorchel gegen die Sauerstoffflasche tauscht und im Baggersee um die Ecke oder im tropischen Urlaubsparadies tatsächlich in die Tiefen eines lebendigen Gewässers hinabtaucht. Da sorgen Hecht, Forelle oder Heringsschwärme für Staunen oder auch Nervenkitzel.

Wer mindestens 30 Tauchgänge hinter sich gebracht hat, ohne vor lauter Panik die Pressluftflasche in Sekunden leer zu atmen, der kann nach vorheriger Anmeldung beim Sea Life in München vorbeischauen. Das Aquarium im Olympiapark ist natürlich auch ohne Anmeldung ein Ort für die ganze Familie und für Familienväter. Die echten Männer aber, und um die soll's ja hier gehen, die stehen nicht mit den Lieben vor den dicken Gläsern herum, um den Exoten aus angenehmer Distanz zuzuschauen, die befinden sich auf der anderen Seite der Scheibe. Denn im Sea Life kann man oder Mann mit Haien tauchen.

Was ein wenig nach dem lauwarmen Bad mit dem Therapiedelphin klingt, ist durchaus nicht ungefährlich. Auch deshalb gehen die Lehrer der integrierten Tauchschule High-Life-Divers nie mit mehr als einem Besucher in das gut sechs Meter tiefe Becken, in dessen 400.000 Litern Salzwasser insgesamt ganze 2.000 Tiere leben. Während die kleinen Bambushaie niedlich daherschwimmen, auch die Schwarzspitzen-Riffhaie mit einer Länge von bis zu 1,60 Metern recht verträglich wirken, lassen die fast zweieinhalb Meter langen Ammenhaie den Atem unter der Tauschmaske stocken. Zukünftig sollen hier noch weitere Haiarten einziehen. Na dann: Gut Luft!

Adresse Willi-Daume-Platz 1, 80809 München, www.high-life-divers.com | **Anfahrt** A 9 Richtung München, bei Ausfahrt München-Schwabing Richtung A 95/München-Schwabing/München/Garmisch-Partenkirchen/Zentrum fahren, Schenkendorfstraße/B 2R, Ausfahrt Richtung Lerchenauer Straße/Feldmoching/BMW Welt/Olympiapark Sea Life, Petuelring, links auf Lerchenauer Straße, rechts auf Spiridon-Louis-Ring, links auf Willi-Daume-Platz | **Öffnungszeiten** Sea Life Jan. – Feb. Mo – Fr 10 – 17 Uhr, Sa – So 10 – 19 Uhr; Apr. – Aug. Mo – So 10 – 19 Uhr; März, Sept., Okt. Mo – Fr 10 – 18 Uhr, Sa – So 10 – 19 Uhr; Nov. – Dez. Mo – Fr 10 – 17 Uhr, Sa – So 10 – 19 Uhr; Abweichungen in den Ferien, zu Feiertagen und bei Revision siehe Homepage, Tauchtour nur nach vorheriger Anmeldung | **Tipp** Direkt gegenüber vom Sea Life befindet sich die BMW Welt, hier kann man die Marke und ihre Geschichte erleben.

70_Das Piz Gloria

Im Geheimdienst Ihrer Majestät

Auch das Böse erfreut sich gern an einer guten Aussicht. Auf dem Schilthorn in Mürren in der Schweiz hat es es sich deshalb ziemlich gemütlich gemacht und trägt dort einen äußerst prominenten Namen: Blofeld, Ernst Stavro Blofeld. Na, klingelt's? Richtig, das ist der Oberbösewicht von SPECTRE, der Schurkenliga, gegen die Bond, James Bond, 007 persönlich also, in zahllosen seiner Fälle antritt. Blofeld ist die wohl schillerndste Figur dieses Universums, neben dem Titelhelden natürlich und, na ja, neben Ursula Andress vielleicht, in ihrem weißen Gürtelbikini am Strand der geheimen Karibikinsel aus »James Bond jagt Dr. No«.

Doch zurück in die Schweiz und zu Blofeld. Der hatte in »Im Geheimdienst Ihrer Majestät«, im einzigen Bond-Film mit dem im Vergleich zu seinem Vorgänger und gleichzeitig Nachfolger, Sean Connery, eher ungeliebten Darsteller George Lazenby, auf dem Schilthorn, im damals gerade fertiggestellten Drehrestaurant Piz Gloria samt Seilbahn, sein Hauptquartier bezogen. Und wie das bei Bond so ist, lebte der böse Blofeld, in diesem Film vom großartigen Telly Savalas verkörpert, dort natürlich nicht allein, sondern mit zehn äußerst attraktiven jungen Frauen. Die wollte er im Zuge einer unkonventionellen Allergietherapie zu Biobomben programmieren. Bond stürzte sich also auf knapp 3.000 Metern Höhe ins verlockende Liebesvergnügen und machte Blofeld schlussendlich auch noch einen Strich durch die diabolische Rechnung.

Trotz neuem, sogar australischem Hauptdarsteller war der sechste Bond-Streifen an den Kinokassen durchaus erfolgreich. Die spektakulären Bilder rund um Mürren, entstanden von Oktober 1968 bis zum darauffolgenden Frühjahr, dürften daran auch ihren Anteil gehabt haben. 2013 wurde deshalb auf dem Schilthorn die »Bond World 007« eröffnet, eine spektakuläre multimediale Schau zu den Schlüsselszenen des Films, zum Drehort und zum Bond-Universum ganz allgemein.

Adresse Drehrestaurant Piz Gloria, 3825 Mürren, Schweiz, www.schilthorn.ch, www.bond-world.ch | **Anfahrt** A 8 bis Ausfahrt 25-Wilderswil in Richtung Grindelwald/Lauterbrunnen/Matte, links auf Gsteigstrasse, ab hier der Hauptstrasse circa 15 Kilometer folgen bis zur Talstation Stechelberg, von hier aus mit der Schilthornbahn | **Öffnungszeiten** Mo–So 8–18 Uhr; im Winter Mo–So 8.30–17 Uhr, Betriebsferien 1 Woche im Frühjahr (circa ab 25.4.), 4 Wochen im Herbst (circa ab 10.11.) | **Tipp** Die Marketingmaschine läuft, nach Aussichtsplattform und Bond World eröffnet 2014 der Skyline Walk, der Besucher über den Rand des Abgrundes hinausführt: gute Aussicht und Nervenkitzel sind garantiert.

71 Die Traktorvermietung

Durchs Allgäu geknattert

Das Allgäu ist so schön, dass es gern durchwandert werden will: Berge, Wiesen, Felder, Kühe … hach! Allein seiner Beschaulichkeit und Romantik wegen hätte das Allgäu aber noch keinen Platz in diesem Buch verdient. Michael Strobel aus Nesselwang hat jedoch die passende Zutat für einen echten Männertrip in das mit all dieser atemberaubenden Landschaft vollgestellte südlichste Deutschland. Er bietet GPS-gestützte Touren auf liebevoll restaurierten Oldtimer-Traktoren an. Da vibriert die Landschaft, da knattert der Trecker mit dem Specht um die Wette, da dampft der Diesel, während die Wiese duftet. Von einer rustikalen Fahrmaschine aus hat man bei 15 bis 20 Stundenkilometern einen ganz besonderen Blick auf die Wälder, Felder, Berge und auf zeitlose kleine Ortschaften.

Eine beinahe meditative Allgäuerfahrung für Technikfreaks, Nostalgiker und Naturliebhaber. Die finden nach vorheriger Anmeldung auf der Sitzbank des Porsche Diesel Junior 109 G aus den frühen 60er Jahren, auf dem hochbeinigen 1955er Eicher ED 16/II oder dem nicht viel jüngeren Fendt Dieselross F 17LA Platz. Profis lässt Strobel auch ans Steuer seines Warchalowski WT 25 B.

Neben einem gültigen Führerschein sollte man als Fahrer nicht zu klein und nicht zu schwer sein, außerdem ist ein wenig technisches Verständnis gefragt, denn mit der Fahrt im Familienkombi hat die Tour auf dem Traktor nicht viel gemeinsam. Auf jeder der betagten Maschinen finden neben dem Fahrer zwei erwachsene Passagiere Platz, zwei Kinder passen auch noch drauf. Für Gruppenausflüge kann man alle drei Traktoren zusammen mieten. Um die Navigation muss man sich auf den vielen kleinen Wegen nicht kümmern, der Vermieter hat großartige Routen zu Aussichtspunkten, Seen, Burgen und Wirtshäusern zusammengestellt und damit ein GPS-Gerät gefüttert, das es zu jeder Tour dazu gibt. Empfehlenswert sind zum Beispiel die leckeren Käsetouren zu verschiedenen Käsereien.

Adresse Rindegger Weg 4, 87484 Nesselwang, www.traktorausflug.de | **Anfahrt** A 96 Richtung Stuttgart, bei Ausfahrt 22-Jengen / Kaufbeuren auf B 12 in Richtung Jengen / Kaufbeuren / Kempten / Marktoberdorf fahren, geradeaus auf B 12, Auffahrt B 16 nach Füssen / Marktoberdorf-Ost / Biessenhofen, rechts auf B 16, geradeaus auf B 472, links auf Nesselwanger Straße / OAL 23, links auf Hauptstraße / B 309, links auf Rindegger Weg | **Öffnungszeiten** nur nach Terminvereinbarung | **Tipp** Das Thema Käse lässt sich im Allgäu noch weiter vertiefen. Beispielsweise in der 1890 gegründeten Sennerei Lehern im knapp 15 Kilometer entfernten Hopferau samt kleinem Museum, Gastwirtschaft und Käseladen.

72_ Top of Tyrol

Gletscher mit Balkon

Abseits der Schneegrenze, im ewigen Eis, auf einer unglaublichen Höhe von 3.200 Metern, tritt ein erschöpfter Kletterer mit schweren Schritten in schneeverklebten Schuhen auf eine zarte Plattform, die, einer Brandungswelle ähnlich, über den Rand eines Felsens zu springen scheint. Neun Meter ragt sie über den Abgrund. Der Kletterer tritt vorsichtig an die Brüstung, schließt die Augen, atmet die reine Bergluft tief ein und öffnet die Augen wieder. Sein Blick verliert sich in der Tiefe dieser unwirklich schönen Landschaft, die von den 109 Dreitausendern der österreichischen Alpen dominiert wird. Die kalte Luft, der konstante Wind oder die Rührung angesichts dieses sensationellen Ausblicks setzen eine Träne in Bewegung, sie bahnt sich ihren Weg über das gebräunte Gesicht des Mannes und gefriert am Kinn zu einem kleinen Eiszapfen, in dem sich die Nachmittagssonne spiegelt.

Die Aussichtsplattform Top of Tyrol ruht scheinbar unbefestigt auf dem zentralen Felsen des Stubaier Gletschers, dem mit 700 Hektar größten Gletscherskigebiet Österreichs. Eine spektakuläre Idee wurde hier aufgelöst in wunderschöner Architektur.

Doch so ästhetisch sich die Top of Tyrol in die sie umgebende Landschaft einfügt, so aufwendig war ihre Montage. Ein Job für harte Kerle, für echte Spezialisten. Die einzelnen Elemente mussten von einem Helikopter auf den Berg transportiert werden. Die Traglast des Hubschraubers spielte bei der Planung der Teile also eine gewichtige Rolle. Die Bauzeit betrug beinahe ein Jahr. Das Büro LAAC Architekten aus Innsbruck hatte den Auftrag von der Wintersport Tirol AG & Co und der Stubaier Bergbahnen KG bekommen. Seit 2009 ist die Plattform sommers wie winters öffentlich zugänglich.

Auf dem Großen Isidor, so der Name des Felsens, trifft großartige Technik auf großartige Natur. Ein Ort der Herausforderung, ein Ort des Staunens, der Stille und der Besinnung, ein Ort also für echte Männer.

Adresse Gipfelplattform Top of Tyrol, 3.210 Meter, Mutterberg 2, 6167 Neustift, Österreich | **Anfahrt** ab Innsbruck A 13/Brenner Autobahn bis Ausfahrt Schönberg, ab hier auf der Bundes- und Privatstraße zur Talstation der Stubaier Gletscherbahn | **Öffnungszeiten** je nach Witterung frei zugänglich | **Tipp** Danach geht's auf die Piste, denn davon gibt es auf dem Stubaier Gletscher einige richtig gute.

73 Das Schiffshebewerk

Ein Fahrstuhl für den Kanal

Wir haben das Rad erfunden, haben das Fahrrad erfunden, einen Dachgepäckträger auch, um das Rad auf dem Auto zu befestigen, das wir auch erfunden haben. Wir haben Boote gebaut, aus Holz, aus Kunststoff, aus Stahl. Wir können die Autos mit den Rädern auf dem Dach heute ganz bequem auf ein Boot fahren. Und wenn wir das tun und auf dem ebenfalls von uns erschaffenen Oder-Havel-Kanal nach Niederfinow gelangen, dann können wir dort an der naturgegebenen Geländestufe verdammt noch mal das ganze Boot mit Hilfe des dortigen Schiffshebewerks anheben. Was heißt Boot. Ein 1.000-Tonnen-Frachtschiff passt in den Trog. Und wir sprechen nicht nur über zwei Meter Höhenunterschied, den es zu überwinden gilt, auch nicht über zehn, sondern über ganze 36 Meter. Das ist mal eine Erfindung! Eine, die rustikal daherkommt, schließlich hat sie schon etwa 80 Jahre auf dem Buckel, die aber immer noch funktioniert.

Nötig wurde das Schiffshebewerk, um die knapp zweistündige Fahrtzeit über die Schleusentreppe des 1914 eröffneten Oder-Havel-Kanals bei Niederfinow noch weiter zu verkürzen. Nach langer Planungsphase und einer Zwangspause durch den Ersten Weltkrieg wurde das Bauwerk – damals stürmisch als Meisterleistung deutscher Ingenieurskunst gefeiert – nach fast siebenjähriger Bauzeit und beinahe 30 Jahren der Planung am 21. März 1934 offiziell seiner Bestimmung übergeben. Und diese Bestimmung ist heben und senken – ein wirklich beeindruckender Vorgang! Ein Trog mit den Maßen von 85 Metern Länge und zwölf Metern Breite, gefüllt mit Wasser mit einem Stand von bis zu zweieinhalb Metern, dockt am jeweiligen Ende des Kanals an und hebt oder senkt mit Hilfe von insgesamt 256 Seilen Schiffe mit einer Länge von bis zu 80 Metern. Der gesamte Vorgang dauert gerade mal 20 Minuten. Sollte Mann unbedingt gesehen haben, solange es noch geht, schließlich wird am Neubau schon gearbeitet.

Adresse Schiffshebewerk Niederfinow, Hebewerkstraße 52, 16248 Niederfinow, www.schiffshebewerk-niederfinow.info und www.wsa-eberswalde.de | **Anfahrt** A 11 bis Ausfahrt 12-Finowfurt, auf B 167 Richtung Eberswalde, in Eberswalde links auf Breite Straße / B 2, rechts auf Oderberger Straße / L 291, L 291 weiter folgen Richtung Liepe, rechts auf Hebewerkstraße | **Öffnungszeiten** für Besichtigungen Ende März bis Ende Okt. 9–18 Uhr; Nov. – Dez. 9–16 Uhr, Führungen nach Anmeldung | **Tipp** Man muss nicht nur von außen gucken oder den Käpt'n eines Schubverbandes bestechen: Die »Freiherr von Münchhausen II« fährt täglich mehrmals durch das Hebewerk.

74 Der Nürburgring

Laut, schnell, gefährlich – eine Legende

Es gibt zwei Möglichkeiten, wie sich der Nürburgring auf Lebzeiten in das Gedächtnis eines jungen Mannes einbrennen kann. Version eins: der donnernde Bass eines Sportwagens oder eines Motorrades, dessen Maschine sich beim Herunterschalten in den legendären 73 Kurven des Nürburgrings verschluckt, der auf den Geraden mit zunehmender Drehzahl zu einem schrillen Dröhnen wird. Version zwei: der donnernde Bass einer oder zweier Bassdrums, der durch gigantische Boxentürme übertragen wird und die Hosenbeine flattern lässt, bis er vom Dröhnen einer E-Gitarre zersägt wird.

Der Nürburgring ist ein mächtig männlicher Ort im beschaulichen und sonst so gemütlichen Rheinland-Pfalz. Seit über 85 Jahren treiben hier die Piloten unterschiedlicher Rennklassen bis hin zur DTM und Formel 1 ihre Boliden an die Grenzen der Physik. Der Nervenkitzel kommt dabei nicht von ungefähr. Viele der Kurven des Rings umfährt der großstädtische Kleinwagenpilot mit Sicherheit im Rentnermodus und trotzdem mit schweißnassen Händen.

Für die europäische Rennsportgeschichte ist der Nürburgring so etwas wie der heilige Rasen von Wimbledon für den Tennissport. Die Hauptstadt der Welt des Rock 'n' Roll ist immer noch das kleine amerikanische Kaff Bethel in der Nähe des kaum größeren und namensgebenden Woodstock. Der Nürburgring, der zur mindestens ebenso kleinen Gemeinde Adenau gehört, nimmt in dieser Welt aber durchaus auch die Rolle einer Metropole ein. Seit 1985 ist »Rock am Ring« *das* deutsche Festival. Es gibt keinen der Rock- und Popstars seiner Zeit, der den Blick von der riesigen Bühne in die mit Zigtausenden Menschen bevölkerte Boxengasse nicht stolz in sein mentales Fotoalbum geheftet hat. Wenn der alljährlich erscheinende deutsche Festivalguide heute 200 Seiten dick ist, dann geht all das auf 1985, auf den Nürburgring und das dortige erste Festival, zurück.

Adresse Nürburgring Boulevard 1, 53520 Nürburg, www.nuerburgring.de | **Anfahrt** A 1 Richtung Köln bis Autobahnende oder A 61 Richtung Koblenz beziehungsweise Bonn bis Abfahrt Wehr, ab dort der Beschilderung folgen | **Öffnungszeiten** Nordschleife: Sa, So 9–16 Uhr (kann witterungsbedingt jederzeit kurzfristig gesperrt werden) | **Tipp** Mann kann am Ring auch selbst aktiv werden, beispielsweise mit dem eigenen Wagen die Nordschleife oder die Grand-Prix-Strecke befahren. Darüber hinaus finden sich auf der Homepage Angebote vom Formel-1-Training bis zur Offroad Experience.

75__'s Baggers

Schwebende Suppe und Kartoffel-Looping

Das ist eine dieser Ideen, die die Welt nicht braucht. Und genau deshalb ist sie so gut, so verrückt! Der Erfinder, um den es geht, ist Michael Mack. Doch bevor hier näher auf seine Erfindung eingegangen werden soll, muss man ihm huldigen. Wie viele vermeintlich echte Männer sehen sich schließlich regelmäßig in bierseligen Momenten mit ihren bestimmt nicht viel verrückteren Ideen gern als den nächsten Bill Gates, Steve Jobs, James Watt, Gottlieb Daimler oder Ottomar Heinsius von Mayenburg (Zahnpasta!)? Alle, ganz sicher.

Aber es gibt eben nichts Gutes, außer man tut es. Und so abgedroschen diese alte Weisheit klingt, so zutreffend ist sie. Michael Mack ist aber eben kein Mann, der seine Träume in bunte Sammelordner klebt und im Regal verstauben lässt. Und so ist aus der verrückten Idee eines Achterbahnrestaurants in einem unscheinbaren Gewerbegebiet am Rand von Nürnberg tatsächlich das Baggers geworden, das weltweit erste Achterbahnrestaurant. Der Schlaraffenlandtraum von gebratenen fliegenden Tauben ist hier Realität geworden. Über mehrere Etagen schwebt hier das Essen in verschließbaren Behältern auf Schienen heran, mit Looping wohlgemerkt.

Die Idee kam dem Erfinder, der in der unmittelbaren Nachbarschaft mit seiner Gießerei Teile für Jachtmotoren produziert, beim Essen mit Freunden. Der lange Weg von der Küche zum Esstisch gab den Zündfunken für die Überlegung. Mit dem Architekten Klaus Kiener fand Mack einen Gleichgesinnten. Gemeinsam ließen sie die Idee im Baggers in Nürnberg als Prototypen entstehen und verkaufen die Lizenz der patentierten Idee und die Bauteile für die Achterbahn nun in die ganze Welt. Nicht nur in Nürnberg, auch im Europapark in Rust, in Hamburg und in Dresden kann man bereits am Tisch samt Terminal Platz nehmen und die Bestellung per Touchpad einschweben lassen.

Adresse Am Steinacher Kreuz 28, 90427 Nürnberg, www.sbaggers.de | **Anfahrt** A 73 Richtung Nürnberg, bei Ausfahrt 37-Fürth-Ronhof Richtung Ronhofer Brücke / Seeackerstraße fahren, links auf Gründlacher Straße, rechts auf Am Steinacher Kreuz | **Öffnungszeiten** Okt.–April Di–Fr 17–23 Uhr, Sa, So und Feiertage 11.30–23 Uhr, Mai–Sept. Di–Sa 17–23 Uhr, So und Feiertage 11.30–23 Uhr | **Tipp** Das Baggers liegt zwar auf Nürnberger Stadtgebiet, näher aber am Fürther Stadtzentrum und nicht mal drei Kilometer entfernt vom Vereinsgelände der Traditionskicker der Spielvereinigung Greuther Fürth.

76__Das DB Museum

Guck mal, ein Zug!

»Trainspotting« meint nicht nur einen der berühmtesten Junkie-Romane der 90er, sondern auch das leidenschaftliche Beobachten von Zügen. Aus einigen Männern bricht diese etwas kauzige Vorliebe oft schon im frühen Kindesalter heraus. Da sitzt das deutsche Streckennetz, bevor der letzte Milchzahn zum Vorschein kommt. Da ist kein plüschiger Vierbeiner der allabendliche Einschlafbegleiter, sondern die rostrote Regionalbahn im Verhältnis 1:20. Das DB Museum in Nürnberg ist das Paradies für diese besondere Spezies speziell Interessierter, das älteste Haus seiner Art in Deutschland ist aber auch für jeden halbwegs normalen Mitmenschen ein echtes Highlight. Schließlich hat die Bahn die mobile Gesellschaft begründet, in der wir als tägliche Passagiere des schienenbasierten Nah- und Fernverkehrs noch heute leben.

Im DB Museum wird über zwei Etagen und auf 2.500 Quadratmetern auf die mehr als 200-jährige Geschichte der Eisenbahn, auf ihre Entwicklung und ihre Auswirkungen auf Technik, Wirtschaft, Politik und Kultur geblickt. Illustriert durch seltene Sammlerstücke und originalgetreue Nachbauten, von der Bahnhofsuhr über zahllose Loks und Züge bis zum Königssaal des ehemaligen Nürnberger Centralbahnhofes, der nur für die »allerhöchsten Herrschaften« reserviert war.

Für den echten Eisenbahn-Nerd ist das natürlich nur Beiwerk. Was zählt, sind die Maschinen. Und so finden sich in der Fahrzeugsammlung des Museums von der Dampflokomotive »Adler« über die legendäre Elektrolok E 03 bis zu einer der schnellsten Dampfloks der Welt, der 05 001, mehr als 25 historische Eisenbahnfahrzeuge zweier Jahrhunderte verteilt auf zwei Hallen. Hinzu kommen Ausstellungsbereiche, die die jeweilige technische Entwicklung in den gesellschaftlichen Kontext der Zeit stellen. Die Bibliothek des Museums beherbergt darüber hinaus die bedeutendste Sammlung deutscher Eisenbahnliteratur.

Adresse Lessingstraße 6, 90443 Nürnberg, www.dbmuseum.de | **Anfahrt** A 73 Richtung Nürnberg, Frankenschnellweg, Ausfahrt Richtung Flughafen, links auf Jansenbrücke/Maximilianstraße/B 4R/B 8, rechts auf Fürther Straße, Südliche Fürther Straße, Am Plärrer, Frauentorgraben, rechts auf Lessingstraße | **Öffnungszeiten** Di–Fr 9–17 Uhr, Sa, So und Feiertage 10–18 Uhr | **Tipp** Am gleichen Standort findet sich auch das Deutsche Museum für Kommunikation Nürnberg, mit seiner Ausstellung zur Übertragung von Informationen auch ein spannender Ort für Männer.

77_Der Sachsenring

Der Ring des Ostens

Im Bereich des Motorrennsports vermisst man manchmal die Verbindung zur Lebensrealität des normalsterblichen Menschen. Da sieht man abseits der Strecke Topmodels, russische Oligarchen, teure Autos, Schampus, Partys. Außerdem geht es um Beträge, die für den netten Busfahrer oder den Hochschulprofessor jenseits von Gut und Böse liegen.

Da macht es Spaß, sich mit der Historie und der aktuellen Entwicklung des Sachsenrings zu befassen. Eine kleine, aber feine Rennstrecke zwischen den Orten Oberlungwitz und Hohenstein-Ernstthal am Rande des Erzgebirges, die jedem Ostdeutschen ein Begriff ist. Hier traf sich in den Jahren der deutschen Teilung die Motorsportelite der Ostblockstaaten.

Die Geschichte des Sachsenrings beginnt aber viel früher. Im Jahr 1927 fuhren beim 1. Badberger Viereck-Rennen vor 130.000 Zuschauern Motorräder auf einer 8,7 Kilometer langen Strecke mitten durch die Stadt Hohenstein-Ernstthal. Der Zündfunke für die Rennsporttradition auf dem Sachsenring. Seinen Namen erhielt der Kurs aber erst zehn Jahre später, da waren schon zahllose nationale und internationale Motorradrennen über die Piste gegangen. Nach dem Krieg gesellten sich Seitenwagengespanne und erste Rennwagen zu den Motorrädern. Bis zu einer halben Million Menschen kam zu den Wettkämpfen. Selbst die Straßenweltmeisterschaften im Radsport wurden 1960 hier ausgetragen. Nach tödlichen Unfällen kam 1990 das Aus für die alte Naturrennstrecke. Erst fünf Jahre später eröffnete der ADAC Sachsen ganz in der Nähe des alten Kurses ein Verkehrssicherheitszentrum und knüpfte so an die Tradition an: die Geburt des neuen Sachsenrings, der in den Folgejahren auch durch großes lokales und regionales Engagement ständig ausgebaut und weiterentwickelt wurde. Heute finden zwischen Oberlungwitz und Hohenstein-Ernstthal regelmäßig Rennen der ADAC GT Masters und der Superbike IDM statt, außerdem der Motorrad Grand Prix Deutschland.

Adresse Am Sachsenring 2, 09353 Oberlungwitz, www.sachsenring-circuit.com, www.sachsenring.de | **Anfahrt** A 4 bis Ausfahrt Hohenstein-Ernstthal, links auf B 180, links auf Hohensteiner Straße, rechts auf Am Sachsenring | **Öffnungszeiten** Fahrsicherheitszentrum Sachsenring Mo – So 8 – 17 Uhr | **Tipp** In Hohenstein-Ernstthal steht das Geburtshaus Karl Mays, heute ein Museum. Außerdem zeigt das Textil- und Rennsportmuseum die regionale Geschichte des Rennsports und die Entwicklung der Textilindustrie im Ort.

78 Der Monsterroller

Auf fetten Walzen ins Tal

Natürlich kann Mann Wein sammeln, Bücher stapeln, akademische Titel erringen, ein Opern-Abo abschließen – zivilisiert sein im besten Sinne also. Am Ende geht es aber doch um höher, schneller, weiter, größer, mehr.

Der Sprung von der Vorschule ins Erwachsenenleben ist demnach gar nicht so groß, wie er auf den ersten Blick erscheint. Da kann Mann die Maske der intellektuellen Abgeklärtheit zumindest beim nächsten Urlaubstrip gleich zu Hause lassen und auf dem Fichtelberg, der höchsten Erhebung der ehemaligen DDR, einen Roller mieten. Natürlich keinen lächerlich bunten Kindertretroller, sondern einen Roller, wie er einem echten Mann gut zu Gesicht steht: einen stabilen Stahlrahmen in gedecktem Grün und mit riesigen Ballonreifen versehen, einen echten Monsterroller also. Mit diesem durchaus sportlichen Vehikel geht es schließlich nicht nur die Rollstuhlrampe an der heimischen Kaufhalle hinunter, sondern ein paar teilweise richtig anspruchsvolle Pisten den »Mount Fichtel« hinab. Verschiedene Routen mit einer Länge von bis zu zwölf Kilometern stellen dabei je nach Interessenlage die schöne Natur des Erzgebirges oder eben den Nervenkitzel in den Vordergrund. Gut geschützt kann man gemächlich durch die Landschaft cruisen, sich entspannt in die zahllosen Kurven legen und die Gebirgsluft einsaugen oder eben querfeldein und abseits fester Wege mit dem Roller das Gelände erkunden. Hinauf auf den Berg geht's übrigens mit der Seilbahn oder dem Sessellift, von dort aus sorgt dann die Schwerkraft für den nötigen Vortrieb der wilden Gefährte.

Aus dem lokalen Phänomen »Monsterroller« ist längst das nächste große Ding geworden. Selbst Stefan »Kretzsche« Kretschmar, seines Zeichens Rekordhandballspieler und harter Hund per se, hat den Roller für sich entdeckt und lässt die Harley jetzt wohl öfter mal stehen. Buchen kann man die Roller stundenweise, für Touren oder im Gesamtpaket mit Übernachtung.

Adresse SCOTT testcenter, Vierenstraße 14, 09484 Oberwiesenthal, www.monsterroller.info | Anfahrt aus Richtung Chemnitz B 95 bis Oberwiesenthal, rechts auf Annaberger Straße, weiter auf Hüttenbachstraße, scharf links auf Vierenstraße | Öffnungszeiten Mo–So 9–17 Uhr, Monsterrollersaison von Mai–Okt. | Tipp Das St. Moritz des Ostens, so nannte man Oberwiesenthal früher gern. Und auch wenn der ehemals höchste Berg der DDR in der Vergangenheit ein wenig geschrumpft ist, gibt es hier doch das Wintersportrundumpaket auf engem Raum, und das denkbar günstig.

79 Das Kellerlabyrinth

Untendrunter

Immer wieder war das kühle Blonde in der deutschen Geschichte Antrieb für Fehden und Freundschaften, für Bau- und Grabungsaktivitäten. Wann und warum man in der pittoresken Kleinstadt Oppenheim begann, die Erde zu durchlöchern, weiß niemand ganz genau. Dass die Bierkühlung aber eins der zentralen Motive war, das gilt im historischen Gesamtzusammenhang doch beinahe als gesichert. Mit der wachsenden Bedeutung des Handels für die Freie Reichsstadt Oppenheim Anfang des 13. Jahrhunderts gab es nicht nur Bier, sondern einiges mehr zu lagern und zu kühlen. Also – so nimmt man zumindest an – gruben die Hausbesitzer unabhängig voneinander Keller in die weiche, aber äußerst stabile Lößlehmschicht. Müller mal tiefer als Meier, Schulze mal großflächiger als der bescheidene Schmidt. Irgendwann wurden die Keller vernetzt, und es entstanden endlose Gänge auf verschiedenen Ebenen.

Nach der weitreichenden Zerstörung Oppenheims durch den Pfälzischen Erbfolgekrieg Ende des 17. Jahrhunderts wurde die Stadt unabhängig vom System der unterirdischen Gänge neu angelegt. Nach der Nutzung als Luftschutzkeller geriet das Labyrinth nach dem Zweiten Weltkrieg nahezu in Vergessenheit. Einbrüche und Absenkungen brachten es aber wieder in das Bewusstsein der Stadt. Als 1986 ein Polizeiauto im löchrigen Oppenheimer Boden verschwand, konnte dieses Erbe nicht weiter ignoriert werden. Einige Millionen flossen in die Sanierung des Untergrundes. Eine Investition, die nicht nur das städtische Fundament stabilisierte, sondern auch das touristische. Seit 2003 bietet das Oppenheimer Kellerlabyrinth auf zwei freigegebenen Routen des 30 bis 40 Kilometer langen Gesamtsystems einen einmaligen Rahmen für die kulturelle Aufarbeitung und Präsentation mittelalterlicher Geschichten, Sagen und Mythen. Eine aufregende Tour durch den Untergrund von Oppenheim am Oberrhein sollte jeder Mann einmal gemacht haben.

Adresse Touristinformation Oppenheim, Merianstraße 2a, 55276 Oppenheim, www.stadt-oppenheim.de | **Anfahrt** A 60 Richtung Bingen / Mainz / Wiesbaden / Rüsselsheim, Ausfahrt B 9 Richtung Oppenheim / Nierstein, weiter auf Sironastraße; weiter auf Mainzer Straße, weiter auf Steckengasse, links abbiegen auf Dalbergerstraße, rechts abbiegen auf Krämerstraße / K 44, rechts abbiegen auf Merianstraße | **Öffnungszeiten** Führungen Kellerlabyrinth I Sa 12 Uhr, 13.30 Uhr und nach Vereinbarung, So und Feiertage 11.30 Uhr, 13.30 Uhr, 14.30 Uhr, 15.45 Uhr und nach Vereinbarung; Kellerlabyrinth II (Neuer Rundgang) Sa 11.45 Uhr, 14 Uhr und nach Vereinbarung, So 14 Uhr, 15 Uhr und nach Vereinbarung (Mindestalter 5 Jahre) | **Tipp** Wem von der Tour durch die Keller ein wenig der Kopf schwirrt oder die Knie zittern, der kann sich auf die Weinbautradition Oppenheims besinnen. Die wird im Deutschen Weinbaumuseum eindrucksvoll präsentiert, in den Weinstuben und Restaurants der wunderschönen Altstadt kann man aber auch gut davon kosten.

80_Die Area 47

Geballter Wahnsinn

Jeder kann sich an diese Jungs erinnern. Die mit den wüsten Frisuren, mit den zerrissenen Hosen, mit den aufgeschrammten Ellenbogen. Die niemals still sitzen konnten, die einfach nicht zu bändigen waren. Irgendwann sind sie ruhiger geworden, wurden Maurer, Ärzte oder Politiker. Aufgesaugt und assimiliert von der Gesellschaft, die Individualität predigt, aber Anpassung meint.

Hätte man diesen Jungs damals in der Schule Geld gegeben, Zeit gegeben, Raum gegeben und ihnen gesagt, macht was Sinnvolles damit, dann wäre wohl so etwas entstanden wie die Area 47 im Ötztal in Tirol.

Ein gigantischer, ein einmaliger Spielplatz für große Jungs, mit den verrücktesten Spielen und Spielzeugen, die die Adrenalinjunkies auf der ganzen Welt jemals hervorgebracht haben. Auf 66.000 Quadratmetern kann Mann sich hier austoben, kann hier feiern, übernachten und am nächsten Tag einfach von vorn anfangen. Ein Paradies voller Superlative: Im Badesee muss man sich vor fliegenden BMX-Radfahrern, Snowboardern oder Skifahrern vorsehen, denen man eine gewaltige Schanze gebaut hat. Neben Kletterwand und Slackline-Parcours gibt es hier den weltweit ersten kombinierten Sprung- und Rutschenturm mit einer Gesamthöhe von über 27 Metern und sechs Rutschen, von denen die schnellste einen beinahe rechtwinkligen Neigungswinkel hat und ihre Passagiere auf fast 80 Stundenkilometer beschleunigt.

Im Outdoorbereich pfeifen Besucher an einer Seilrutsche zu Boden, lassen sich am Mega Swing auf 30 Metern Höhe von einem Brückenpfeiler zum nächsten pendeln oder klettern bis zum Überhang an Österreichs höchster Kletterwand, nur um in der nächsten Minute das feuchtfröhliche Rafters Paradise zu betreten. Das Lakeside Restaurant oder das River Haus versorgen den hungrigen Mann dann für eine erlebnisreiche Nacht. Denn geschlafen wird hier erst ganz zum Schluss.

Adresse Ötztaler Achstraße 1, 6430 Ötztal-Bahnhof, Österreich, www.area47.at | **Anfahrt** über A 12 aus Richtung Innsbruck bis Ausfahrt 123-Ötztal, in Ötztal Bundesstraße / Ötztal Straße / B 186 Richtung B 171 / Haiming einfädeln, im Kreisverkehr 1. Ausfahrt auf Ötztaler Achstraße nehmen | **Öffnungszeiten** Ende April – Ende Sept., individuelle Öffnungszeiten der verschiedenen Angebote unter www.area47.at / oeffnungszeiten-preise | **Tipp** Nach der ganzen Bewegung bietet die Knappenwelt Gurgltal im 20 Kilometer entfernten Tarenz spannende Einblicke in die Welt des regionalen Blei- und Zinkbergbaus und zeigt im Haus der »Heilerin vom Gurgltal« eine brandneue Ausstellung basierend auf dem Fund einer Grabstelle aus dem 17. Jahrhundert.

81 Fußballgolf

Fußball? Golf? Im Wald?

Wir Deutschen, Österreicher und Schweizer haben es längst begriffen: Unsere Welt braucht Regeln. Wir unterwerfen uns gleichmütig der Straßenverkehrsordnung – okay, die Österreicher nicht immer, zumindest nicht in Deutschland –, wir haben die Zeit im Blick und sind immer pünktlich, und wir planen unser Wochenende nach dem verlässlichen Spielplan der Fußballbundesliga. Denn wir lieben Fußball. Klar. Golf, dafür interessiert sich nur unser Zahnarzt.

Wer als Mann nach Sorgwohld fährt, darf keine Angst haben, denn viele der Regeln, die unser Leben im Lot halten, müssen wir in diesem Wald, eingerahmt vom Passepartout der schönen schleswigholsteinischen Felderwirtschaft, im flachen Nirgendwo zwischen Kiel, Flensburg und Cuxhaven, über Bord werfen. Wer Fußball und Golf unter einen Hut bekommt, und das in einem Wald, der kann auch Stroh zu Gold spinnen, der kann Wasser und Öl mischen, der muss ein echter Hexenmeister sein.

Okay, in Sorgwohld hat man diesen Spaß nicht erfunden, hier befindet sich nur eine besonders schöne der mittlerweile deutschlandweit über 20 Fußballgolf-Anlagen – und die erste mitten im Wald. Das steigert den Spaß noch mal.

Die Regeln sind schnell erklärt: Grast der Golfer beim Golf mit dem Caddy im Schlepp die sanften saftig-grünen Hügel ab, zieht in Sorgwohld eine Gruppe von bis zu sechs Leuten in den Wald, braucht keinen Caddy, weil die Schläger die Füße sind, je nach Vorliebe der rechte oder der linke. Dann geht es mit dem Fußball auf die gut präparierten, mit Hindernissen gespickten 18 Bahnen mit einer Länge vom Abschlag bis zum Loch zwischen 15 und 75 Metern. Gekickt wird abwechselnd, die Paar-Zahlen geben den Optimalwert an. Wer die wenigsten Abschläge für das Einlochen auf dem kompletten Kurs benötigt, der hat gewonnen. Klingt so, als könne man in Sorgwohld mal ganz entspannt mit dem Zahnarzt ein paar Bälle schlagen/kicken gehen.

Adresse Sorgwohld 12, 24811 Owschlag, www.fussball-golf.net | Anfahrt A 7 Richtung Flensburg, bei Ausfahrt 7-Owschlag Richtung Kropp fahren, rechts auf K 86, rechts auf An der Eiche / L 265, links auf Ramsdorfer Straße, weiter auf Dorfstraße, im Kreisverkehr 2. Ausfahrt (Beekstraße K 99), rechts auf Tannengrund, weiter auf Tetenhusener Weg, links auf Rehbargsredder, weiter auf Sorgwohlder Weg | Öffnungszeiten März – Okt. (je nach Witterung) Mo – Do auf Anfrage, Fr 14 Uhr – Sonnenuntergang, Sa, So, Feiertage: 10 Uhr bis Sonnenuntergang | Tipp An die Fußballgolfanlage grenzt ein Bauernhof an, auf dem kann man sich zum Beispiel einen Ochsenkarren mieten und sich auf eine echte Ochsentour über traditionelle Ochsenwege begeben. Dann hat Mann das auch mal gemacht.

82 Die Wasserski-Seilbahn

Die längste der Welt

Was tun gelangweilte Surfer, wenn sie auf die nächste Welle warten? Sie hängen sich an ein Motorboot, lassen sich durchs Wasser ziehen, »hüpfen« über die Bugwelle und erfinden ganz nebenbei das Wakeboarden, den kleinen lässigen Bruder des traditionellen Wasserski. Bruno Rixens Impuls war ein ganz anderer. Der umtriebige Ingenieur, der das Wasserskifahren liebte, wunderte sich Anfang der 60er Jahre, warum sein Sport keine größere Popularität genoss. Um den finanziellen und organisatorischen Aufwand dafür zu verringern, erfand er kurzerhand die Wasserski-Seilbahn. Weltweit entwickelte sich der Tourismus damals rasant. Die Menschen fuhren an die Seen, ans Meer oder zum Skifahren in die Berge. In den Schneegebieten entstanden damals allerorten Skilifte. Der Weg vom Skilift zum Wasserskilift war für Rixen schnell gedacht, verlangte jedoch eine gewisse Entwicklungszeit. Schließlich musste die Geschwindigkeit von zehn auf maximal 58 Stundenkilometer gesteigert, Zugkraft und Antriebsstärke erhöht und größere Entfernungen überspannt werden, um so auch einen Slalomkurs zu ermöglichen.

In Parkstetten am Friedenhain-See kann man Wasserski und auch Wakeboard fahren. Hier befindet sich eine der ersten Anlagen, die nach der Serienreife der Erfindung Bruno Rixens gebaut wurden. 1968 ging die Seilbahn in Betrieb, und mit ihren 1.200 Metern Umlauflänge ist sie nicht nur eine der ältesten, sondern bis heute auch die längste ihrer Art auf der ganzen großen Welt. Zwölf Läufer können hier zugleich am Seil hängend übers Wasser laufen, auf Paarskiern, auf dem Monoski, dem Trickski, dem Teller oder eben auf einem Wakeboard. Die Geschwindigkeit kann der geneigte Mann individuell anpassen lassen, zwischen 18 und den im Wettkampf geforderten 58 Stundenkilometern ist alles möglich. Einige Hindernisse für die großen Sprünge und eine Slalomstrecke gibt es auch. So kann Mann auf dem Friedenhain-See und ähnlichen Anlagen in ganz Deutschland eine richtig gute Figur machen.

Adresse Friedenhain-See, Münsterer Straße 50, 94365 Parkstetten, www.friedenhainsee.de | **Anfahrt** über A 3 bis Ausfahrt 105-Kirchroth Richtung Straubing-Zentrum, rechts auf St2148, weiter auf St2125, rechts abfahren Richtung Parkstetten, links auf Parkstettener Straße/SR1 bis zum Kreisverkehr, 1. Ausfahrt auf Münsterer Straße, weiter bis zum Parkplatz am Friedenhain-See | **Öffnungszeiten** Mo–Fr 13–19 Uhr, Di 13–20 Uhr, Sa, So 13–17 Uhr (je nach Wetter) | **Tipp** Im sechs Kilometer entfernten Straubing erblickte 1787 der Optiker und Physiker Joseph Fraunhofer das Licht der Welt. An seinem Geburtshaus in der Fraunhoferstraße 3 sind eine Büste und zwei Gedenktafeln angebracht.

83__Der Waldseilgarten Höllschlucht

Über der Kante

Dieses Angebot des ganz offensichtlich etwas verrückten Teams des Pfrontener Hochseilgartens dürfte nicht nur dem geneigten Akrophobiker, dem Höhenängstlichen also, das Blut in den Adern gefrieren lassen. Auch für ganz normale Männer, die abseits aufregender Fußballkrimis oder skandinavischer Thrillerlektüre sonst auf einen ausgewogenen Adrenalinspiegel achten, ist dieses Bett mit Sicherheit die Hölle. Der Name passt also und ist ganz klar Programm.

Für eine stattliche Summe kann Mann, gern auch mit Frau, nach einem aufregenden Tag im Kletterwald in einer Felswand schlafen. Die Idee stammt von den Bigwall-Bezwingern, Extremkletterern, die Wände mit einer Höhe von 1.000 bis 2.000 Metern in Angriff nehmen. Wenn denen die Puste ausgeht oder sich der Tag dem Ende neigt, dann schlagen sie ihr Biwak im Neunziggradwinkel zum steilen Fels auf. Klingt ziemlich gemütlich.

In Pfronten, im Allgäu, sind die Wände nicht ganz so hoch, 100 bis 300 Meter unter dem Nachtlager dürften es aber in jedem Fall werden. Abendessen und Frühstück sind da natürlich inklusive und ein atemberaubender Blick in die sensationelle Allgäuer Bergwelt.

Etwas ruhiger schläft Mann mit Sicherheit im Baum, dafür hält der Waldseilgarten zwei Varianten bereit. Das feste Bett, schwebende Holzpodeste, angebracht zwischen den Bäumen des Kletterwaldes, das man aus sieben Metern Höhe auch jederzeit verlassen kann. Oder das hängende Bett, sogenannte Portaledges, die an besonders kräftigen und dicken Ästen frei stehender großer Bäume aufgehängt werden. Ein Auf- oder Abstieg, selbst wenn's mal dringend ist, ist dabei allerdings nur mit Seilhilfe möglich.

Der Waldseilgarten ist ein Ort für echte Männer jeglicher Ausprägung, vom sanften bis zum anspruchsvollen Kletterparcours geht es hier an individuelle Grenzen weit über den Tag hinaus.

Adresse Bürgermeister-Franz-Keller-Straße, 87459 Pfronten-Kappel, Parkplatz am nördlichen Ortsausgang, Abzweigung Kappeler Straße 9, www.waldseilgarten-hoellschlucht.de | Anfahrt A 7 bis 138-Nesselwang auf OAL 23 Richtung Nesselwang, links abbiegen auf Hauptstraße/B 309 bis Kappel, leicht rechts abbiegen auf Bürgermeister-Franz-Keller-Straße bis zum Parkplatz Waldseilgarten Höllschlucht | Öffnungszeiten April Sa, So, Feiertage 10–17 Uhr; Mai–Sept. Mo–So 10–18 Uhr; Okt. Mo–So 10–17; detaillierte und aktuelle Öffnungszeiten auf der Homepage des Waldseilgartens, Anmeldung auch außerhalb der Öffnungszeiten für Gruppen ab 10 Personen | Tipp Vielleicht würde sich der mächtige Mann von heute nicht mehr unbedingt solch ein Haus bauen, etwas her macht das Schloss Neuschwanstein des Märchenkönigs Ludwig II. aber immer noch. Vom Waldseilgarten aus sind es bis dorthin nur gut 20 Kilometer.

84 Das Dynamikum

Weltherrscher Wissen

»Nerd« ist längst kein Schimpfwort für weichliche Streber mehr. Nicht erst seit der TV-Comedy »The Big Bang Theory« weiß man, dass diese Jungs später einmal unsere Welt regieren. Man sollte also noch mal überlegen, welchen hellen Kopf man früher in der großen Pause im Schulklo eingesperrt hat. Der schmächtige Brillenträger von damals könnte morgen den Krebs besiegt haben oder mit waffenfähigem Uran hantieren. Da bleibt nur zu hoffen, dass das Schulklotrauma die Stabilität seiner Psyche nicht nachhaltig gefährdet.

Wen jetzt das schlechte Gewissen plagt, wem mit einem Mal bewusst wird, wie unwissend er durch die Welt schreitet, die ja nun mal nach den Regeln der Physik funktioniert, der sollte sich auf den Weg nach Pirmasens ins Dynamikum machen. Auch wenn man dort erzählt, man wolle Kindern und Jugendlichen die Welt der Naturwissenschaft näherbringen, zeigt der Besuch doch ziemlich schnell, dass dieser bewegte Wissensparcours als großer Spaß für echte Männer gedacht ist. Überall Knöpfe und Hebel, bewegliche Teile, Spielereien, keine langweilige Ausstellung abstrakter Exponate, die von grimmigen Wärtern bewacht wird, sondern ein Wunderland der Ahs und Ohs und des Ahas! So ist es gedacht, und so funktioniert das auch. Über acht Stationen kann sich der Besucher im Dynamikum, der Name lässt es vermuten, selbst aktiv mit dem Oberthema Bewegung befassen. Wofür ist die Reibung gut? Wie funktioniert Kraftübertragung? Wie kreisen Planeten? Welche Ideen entstehen aus dem Wissen um die Mechanik? Kann Mann einen Wettlauf mit einem Krokodil gewinnen? Welche Kraft wenden wir für einen Sprung auf? Und was hat das mit Musik zu tun? Nach einem Besuch im Dynamikum ist Mann dem Nobelpreis einen klitzekleinen Schritt näher.

Und es wird zur Gewissheit, was wir vielleicht damals auf dem Schulklo schon vermutet haben: Kraft ohne Verstand versetzt auf Dauer gar nichts in Bewegung.

Adresse Fröhnstraße 8, 66954 Pirmasens, www.dynamikum.de | Anfahrt A 8 bis Ausfahrt 15-Pirmasens in Richtung B 10/Landau, B 10 bis Ausfahrt Pirmasens/Zentrum, rechts auf Turnstraße/K 6, rechts auf Gasstraße, links in Teichstraße, rechts auf Schachenstraße bis zum Parkplatz | Öffnungszeiten Mo–Fr 9–18 Uhr, Sa, So und Feiertage 10–18 Uhr | Tipp Ohne Preisschild und Fußgeruch muss Mann vor Schuhen keine Angst haben. Weil die Region mal die Hochburg der deutschen Schuhproduktion war, zeigt das Schuhmuseum im knapp 20 Kilometer entfernten Hauenstein alles rund um den Schuh. Auch viele Promitreter, zum Beispiel von Charles de Gaulle und Helmut Kohl.

85 Das Kaiser-Wilhelm-Denkmal

»Wir wollen unseren alten Kaiser Wilhelm wieder haben«

Bruno Schmitz war als Architekt ab dem Ende des 19. Jahrhunderts gut gebucht. Der gebürtige Düsseldorfer hatte ein Gespür für das Verlangen seiner Zeit. Um das bestmöglich zu stillen, musste er kein bombastisches Schloss in irgendeine deutsche Landschaft zaubern, er musste auch mit keinerlei Traditionen brechen und der Architektur die Zukunft aufzeigen. Bruno Schmitz setzte sich sein berufliches Denkmal eben mit dem Bau von Denkmälern.

Die wurden in einer Zeit nationaler Findungsprozesse gern gebaut. Vor allem zwischen Deutsch-Französischem und Erstem Weltkrieg, im Deutschen Reich, schossen monumentale Nationaldenkmäler wie Pilze aus dem Boden. Nach dem Tod Kaiser Wilhelms I. 1888 setzte ein richtiges Wettbauen ein. In verschiedensten Siegerposen, eingerahmt und in Szene gesetzt von ganz unterschiedlichen baulichen Strukturen, huldigte man dem ersten deutschen Kaiser. In Porta Westfalica in 268 Metern Höhe auf dem Wittekindsberg steht das bedeutendste seiner Art. 88 Meter ist es hoch, und damit nach dem Völkerschlachtdenkmal in Leipzig das zweitgrößte deutsche Bauwerk dieser Kategorie. Innerhalb von vier Jahren wurde es zwischen 1892 und 1896 gebaut und im Beisein Kaiser Wilhelms II. – mit 29 Jahren besetzte er den Thron im »Dreikaiserjahr« nach dem kurz aufeinanderfolgenden Tod seines Großvaters und seines Vaters – mit einem rauschenden Fest am 18. Oktober 1896 eingeweiht. Der Porta-Sandstein für den Bau wurde übrigens in einem Stollen zu Füßen des heutigen Denkmals abgebaut. Auf Basis von Schmitz' Entwürfen entstand daraus um die sieben Meter hohe Kaiserfigur des Bildhauers Kaspar von Zumbusch ein tempelartiger Bau samt Kuppel und Kaiserkrone. Schmitz selbst wurde im ebenfalls von ihm entworfenen Kyffhäuserdenkmal beigesetzt. Hätte das Gesetz seinem Wunsch nicht im Wege gestanden, wäre seine Asche auf dem Rhein verstreut worden.

Adresse Kaiserstraße, 32457 Porta Westfalica, www.portawestfalica.de | **Anfahrt** A 2 Richtung Hannover, bei Ausfahrt 33-Porta Westfalica auf B 482 in Richtung Minden fahren, rechts auf B 482, Ausfahrt Richtung B 61 / Minden / PW-Barkhausen / PW-Hausberge, links auf Portastraße / B 61, links auf Kaiserstraße / L 780 | **Öffnungszeiten** frei zugänglich | **Tipp** Auch so ein Männerberuf: Müller. Eine Mühle aus dem frühen 19. Jahrhundert kann man in der Hackfeldstraße in Porta Westfalica besichtigen. Und wer das plant: Hier kann man auch heiraten.

86 Der Filmpark und die Quentin-Tarantino-Straße

Die einzige auf der ganzen Welt, Mann!

»Stell dir einen dieser Nerds vor, die in Videotheken arbeiten, die Comics lesen, die selten etwas Gutes ausbrüten. Stell dir vor, einer dieser Typen – ein besonders kranker, einer, der keine Kompromisse macht –, so einer nimmt sich vor, Hollywood zu erobern. Und dafür passt der sich nicht etwa an. Nein, er macht einfach so weiter wie bisher. Nur dass er jetzt dafür Millionen hat. Dann kommt der Typ in ein Kaff, irgendwo im Osten. Da bewahren sie den Heiligen Gral des Kinos auf. Der reitet dort ein, stellt die Geschichte auf den Kopf, und als er wieder abzieht, da haben die nichts Besseres vor, als eine Straße nach ihm zu benennen! Kannst du dir das vorstellen?« »Ja, Mann.«

So ähnlich könnte das Gespräch zweier Figuren aus einem Tarantino-Film ablaufen. Die würden dabei durch eine abgerissene Straße in einem heruntergekommenen Viertel irgendwo in Chicago oder L. A. laufen, durch den Staub von El Paso schlurfen oder über ein Schlachtfeld des Zweiten Weltkriegs schlendern. Sie wären mit Sicherheit bewaffnet, und es würde Blut fließen. In der Quentin-Tarantino-Straße in Potsdam-Babelsberg gibt es keinen Staub, kein Blut und keine üblen Gangster. Die Straße ist nur knapp 200 Meter lang, sie begrenzt die östliche Seite eines Parkhauses und eines Bürokomplexes auf dem Gelände der Filmstudios, ihren Namen bekam sie nach den Dreharbeiten zu Tarantinos »Inglourious Basterds«. Doch so unscheinbar diese Straße auch ist, sie ist verdammt noch mal die einzige sch*** Quentin-Tarantino-Straße auf der ganzen Welt! Und genau deshalb gehört sie in dieses Buch.

Mehr über den berühmten Filmstandort Babelsberg erfährt man in unmittelbarer Nachbarschaft, im Filmpark. Hier werden Requisiten, Ausstellungsstücke und Originalkulissen großer Potsdamer Produktionen aus über 100 Jahren präsentiert, es gibt spannende Führungen und wilde Stuntshows. Tarantino würde das gefallen.

Adresse Filmpark Babelsberg, Großbeerenstraße 200, 14482 Potsdam; die Quentin-Tarantino-Straße ist durch die Einfahrt in der August-Bebel-Straße zu erreichen | **Anfahrt** über A 115 bis Ausfahrt 6-Potsdam-Babelsberg Richtung Potsdam-Zentrum, auf Nuthestraße bis Ausfahrt Richtung Bergholz-Rehbrücke/Kirchsteigfeld/Am Stern Drewitz/Neuendorfer Straße, links auf Neuendorfer Straße, links auf Großbeerenstraße bis zum Parkplatz | **Öffnungszeiten** Filmpark: Ende März–Anfang Nov. Mo–So 10–18 Uhr, aktuelle Zeiten unter www.filmpark-babelsberg.de; Besichtigung im Rahmen einer Studiotour Mo–Fr nach Anmeldung unter www.studiobabelsberg.com/public-relations/studio-tour/ | **Tipp** Ja, einer der ganz großen Männer der Geschichte war auch der Alte Fritz, Friedrich II., genannt der Große. Und weil er das gern jedem zeigen wollte, ließ er sich das weltberühmte Schloss Sanssouci bauen. Gute zehn Minuten mit dem Auto von Babelsberg entfernt.

87 Das Karl-May-Museum

Phantastische Welten made in Sachsen

Er hat die Indianer erfunden. Saß da in Sachsen, irgendwo zwischen Zwickau und Radebeul, hatte die Gegend nie wirklich verlassen. War als Lehrer gescheitert, als Betrüger verurteilt, war ein Lebenskünstler, aber kein besonders guter, und erfand in einer seiner literarischen Sternstunden die Indianer! Das stimmt so natürlich nicht, die Indianer hat ja Kolumbus erfunden. Oder?

Aber Karl May hat unser Bild von den indigenen Völkern des amerikanischen Kontinents geprägt. Hat Geschichten erzählt von Abenteurern, von Eroberern, von Auflehnung, von Kriegen und Versöhnung. Vor allem aber hat er uns Freundschaft gelehrt und dass die Bestand haben kann, über kulturelle Grenzen hinaus und über die Zeit.

1895, auf dem Höhepunkt seines Erfolges – noch bevor die Fassade des wortgewandten Abenteurers bröckelte, als klar wurde, dass Old Shatterhand und sein orientalisches Pendant Kara Ben Nemsi nicht mit dem Autor gleichzusetzen sind –, kaufte der gebürtige Ernstthaler diese Villa in der schönen Wein- und Gartenstadt Radebeul. Der güldene Schriftzug »Villa Shatterhand« ist tatsächlich auf Mays Verlangen hin angebracht worden.

Heute kann man dort dem Schriftsteller, der erst zum Ende seines Lebens hin tatsächlich den Orient und Amerika bereiste, in der Kulisse seines eigenen Hauses nachspüren, findet sein Arbeitszimmer mit allerlei Reisesouvenirs, kann seine Bibliothek besichtigen und gerät ins Staunen angesichts der Originalsilberbüchse Winnetous und des Bärentöters Old Shatterhands. Die hatte sich May zur Illustration seiner Erzählungen heimlich anfertigen lassen.

Der Welt, um die sich die erfolgreichsten seiner Schriften drehen, begegnet man dann im Garten des ehemaligen Wohnhauses. Dort steht seit 1928, 16 Jahre nach dem Tod Mays, die »Villa Bärenfett«. Das Blockhaus beheimatet eine beeindruckende Sammlung zu den Indianern Nordamerikas.

Adresse Karl-May-Straße 5, 01445 Radebeul, www.karl-may-museum.de | **Anfahrt** aus Richtung Dresden, Dresdner Straße / Meißner Straße / S 82 bis Radebeul, links in Schildenstraße, rechts in Karl-May-Straße | **Öffnungszeiten** März – Okt. Mo – So 9 – 18 Uhr; Nov. – Feb. Mo – So 10 – 16 Uhr | **Tipp** Nur wenige Meter vom Karl-May-Museum entfernt befindet sich das DDR-Museum, eine riesige private Sammlung mit Exponaten aus einem beinahe vergessenen Alltag.

88 Das Deutsche Werkzeugmuseum

Faustkeil und Feile verstehen

Mein Auto, mein Haus, meine Jacht … mein Werkzeugkasten! Zur Ausstattung eines echten Kerls gehört mindestens eine dieser ausklappbaren Blechboxen voller Schrauben, Nägel, rostiger Zangen, verbogener Sägeblätter, Maulschlüssel und Schraubendreher. Doch längst nicht jeder Mann weiß so ganz genau, welchen Zweck die einzelnen Gerätschaften eigentlich verfolgen, die oftmals von Generation zu Generation weitervererbt werden.

Nicht nur die älteren unter diesen Werkzeugen, auch einige der ganz modernen dürften ihre Heimat im schönen Bergischen Land haben. Auch deshalb findet sich dort mitten in Remscheid, hervorgegangen aus dem örtlichen Heimatmuseum, das Deutsche Werkzeugmuseum, das einzige seiner Art im ganzen Land und in dieser Form sogar einmalig in Mitteleuropa. Ein wunderbares Panoptikum ganz unterschiedlicher Gerätschaften für den Heimgebrauch oder für den industriellen Einsatz, arrangiert in modernen Vitrinen, in Schaukästen, in kleinen zeitgeschichtlichen Inszenierungen oder mit verschiedenen Anleitungen versehen zum Anfassen und Ausprobieren. So erfährt man mit den eigenen linken oder rechten Händen viel über den bewussten Einsatz verschiedener Materialien bei der Werkzeugherstellung, über die Ergonomie beim Schraubenzieher, der natürlich ein -dreher ist und auch so heißt, oder auch über die besonderen Anforderungen der historischen Berufsbilder des Feilenhauers und des Drehers.

Der Bogen wird gespannt vom Faustkeil bis zu den Hightechwerkzeugen im Computerzeitalter, vom internationalen Werkzeughandel bis zu den regionalen Spezialgebieten deutscher Hersteller von Remscheid bis Schmalkalden in Thüringen. Am Ende schaut Mann gewiss auf seine Hände und ist beeindruckt, wozu die imstande sind. Seinen Werkzeugkasten wird er nun ein wenig besser verstehen.

Adresse Cleffstraße 2–6, 42855 Remscheid, www.werkzeugmuseum.org | **Anfahrt** A 1 Richtung Köln, bei Ausfahrt 95b-Remscheid in Lenneper Straße/B 229 Richtung Solingen einfädeln, rechts halten auf Bismarckstraße/B 229, im Kreisverkehr 1. Ausfahrt (Nordstraße/L 415) nehmen, nach rechts abbiegen, um auf Nordstraße/L 415 zu bleiben, rechts abbiegen auf Cleffstraße | **Öffnungszeiten** Di–Fr 9–13 und 14–17 Uhr, Sa, So 11–16 Uhr | **Tipp** Man kann im Bergischen Land rund um Remscheid prima Rad fahren, besonders spannend sind die Panorama-Radwege, die auf stillgelegten Bahnstrecken angelegt sind. Unter www.panorama-radwege.bahntrassenradeln.de kann man sich einen Überblick verschaffen und die Route planen.

89__Das Wismut-Objekt90

Mit strahlenden Grüßen aus der DDR

Wäre der viel zitierte Status quo zwischen NATO und Warschauer Pakt in den über 40 Jahren des Kalten Krieges kollabiert, hätte irgendein russischer General auf einen wahrscheinlich roten Knopf gedrückt und den Tod in Form einer Atomrakete auf Reisen geschickt. Mit schönen Grüßen aus dem Erzgebirge, der sächsischen Schweiz oder dem Thüringer Schiefergebirge. Denn dort betrieben die Sowjets seit Mitte der 1940er Jahre und bis zur Wende die weltweit drittgrößte Uranproduktion. Nirgendwo sonst tat das irgendjemand in einem so dicht besiedelten Gebiet.

Das Wismut-Objekt90 in Ronneburg widmet sich mit einer modernen Ausstellung diesem Kapitel einer Geschichte, deren Anfang das Ende des Zweiten Weltkriegs markiert, und der regionalen Folge der zunehmenden Spannung zwischen den westlichen und östlichen ehemals Alliierten. Fast panisch durchwühlte die Sowjetarmee damals unter Führung der Sowjetischen Aktiengesellschaft Wismut (später Sowjetisch-Deutsche Aktiengesellschaft) und unterstützt durch gelernte und ungelernte regionale Bergleute die Erde nach Uran – nachdem die Amerikaner bei der Bombardierung der japanischen Städte Hiroshima und Nagasaki ihren Vorsprung bei der Entwicklung von Atomwaffen verheerend unter Beweis gestellt hatten.

Ohne Rücksicht auf Verluste strebten die Sowjets in den thüringischen und sächsischen Boden. Und auch wenn sich die Arbeitsbedingungen Mitte der 1950er Jahre verbesserten, wurden nicht nur die teils idyllische Landschaft und ganze Siedlungen nachhaltig zerstört, die langjährige Umweltbelastung wirkt sich bis heute auf die Gesundheit ehemaliger Arbeiter und Anwohner aus.

Der Wismut, die nach der Wiedervereinigung in den Besitz des Bundes überging und deren zentrale Aufgabe heute die Sanierung der Hinterlassenschaften des Uranbergbaus ist, gelingt mit dem Objekt90 ein informativer, spannender und kritischer Blick in die eigene Geschichte.

Adresse Weidaer Straße, 07580 Ronneburg, www.wismut.de | **Anfahrt** aus Richtung Chemnitz A 4 bis Ausfahrt 60-Ronneburg, B 7 in Richtung Ronneburg, links auf Friedrichstraße, leicht rechts auf Brunnenstraße, rechts auf Weidaer Straße | **Öffnungszeiten** Do – So 13 – 17 Uhr | **Tipp** Am südlichen Ortsausgang von Ronneburg in Richtung Werdau (Brunnenstraße) ermöglicht der Bergbauverein e. V. Ronneburg Besichtigungen des und Führungen im ehemaligen Materialschacht 407.

90 Die Megazipline

Über die Talsperre geschossen

Ich kann es hören, in den Ohren, das Herz. Was macht das so weit oben? Das Blut rauscht, der Puls pumpt, pumpt schneller. 3 … 2 … 1 … los!

Die Augen halte ich anfangs geschlossen, das Geschirr zerrt an der Brust und den Schultern. Die Augen zu öffnen kostet Überwindung. Dann will ich sie nie mehr schließen. Der Ausblick ist einmalig, das Tal ist weit, die Staumauer, die rechts vorbeifliegt, gigantisch! Jetzt kann ich das eigene Spiegelbild in der Wasseroberfläche erkennen. Tränen strömen mir aus den Augen. Keine Rührung, obwohl angebracht, der Fahrtwind ist einfach verdammt kalt und peitscht in das Gesicht. Ich muss zur Seite atmen. Die Arme ausgebreitet, rausche ich über 1.000 Meter ins Tal hinab. Das Seil ist jetzt längst vergessen. Ich fliege! Dieses Gefühl ist einmalig. Unten angekommen, rauben mir irgendwelche Hormone die Worte. Wo ist der Bus? Schnell wieder hoch, schnell wieder runter. Noch mal!

Harzdrenalin nennen die Brüder Stefan und Maik Berke ihre kleine Unternehmung. Und der Name ist dabei ganz klar Programm. Der wohl aufwendigste Streich der verrückten Harzer muss den gesteigerten Adrenalinspiegel der Passagiere nicht künstlich herbeireden. Mit bis zu 85 Stundenkilometern wird man nach intensiver Einweisung vom Startturm aus an einem fingerdicken Seil vorbei an Deutschlands höchster Staumauer quer durchs Rappbodetal geschossen. 120 Höhenmeter überwindet man dabei während der knapp einminütigen Schussfahrt.

Für die optimale Verbindung von extremem Spaß und atemberaubend schöner Natur mussten die Macher nicht nur tief in die Taschen greifen, sondern auch zahllose Umweltauflagen erfüllen. Der Stress hat sich gelohnt. So etwas gibt es in Europa nicht noch einmal. Und wer doch ein wenig Angst hat oder diesen großartigen Moment mit jemandem teilen möchte, der kann am Doppelseil auch parallel ins Tal fliegen.

Adresse Rappbodetalsperre, 38889 Rübeland, www.harzdrenalin.de | **Anfahrt** B 6 bis Ausfahrt B 27 / B 81 Richtung Blankenburg-Ost / Nordhausen / Hasselfelde / Elbingerode, rechts auf Westerhäuser Landstraße / B 27, B 27 folgen bis Blankenburg, im Kreisverkehr 3. Ausfahrt (Hasselfelder Straße / B 81) nehmen, weiter auf B 81, hinter Wendefurth auf L 96 in Richtung Rübeland, Parkplatz hinter dem Tunnel | **Öffnungszeiten** Nov. – März Mi – So 11 – 16 Uhr; April – Okt. Di – So, Feiertage 10 – 18 Uhr | **Tipp** Wer noch nicht genug Harzdrenalin in den Venen hat, der kann bei den beiden Berke-Brüdern auch noch einen Spaziergang an der nahen Staumauer Wendefurth buchen. Allerdings vertikal!

91 Das Kernkraftwerk Greifswald

Der Blick in Reaktorblock 6

Für einige Jahrzehnte schien die Atomenergie der Segen zukünftiger energetischer Unabhängigkeit. In kürzester Zeit wurde sie jedoch zum Schreckgespenst eines drohenden Weltuntergangs. Seit der Zerstörung der japanischen Stadt Hiroshima durch die Amerikaner am 6. August 1945 und dem drei Tage später folgenden Bombenabwurf auf Nagasaki ist die grausame Zerstörungskraft des militärischen Einsatzes der Atomenergie Gewissheit. Trotz einer permanenten Bedrohung während des Kalten Krieges rückte die Gefahr, die auch von ihrer zivilen Nutzung ausgehen kann, erst 1986 durch die Tschernobyl-Katastrophe so richtig in den weltweiten Fokus. Infolge einer Reihe von Explosionen, ausgelöst durch eine missglückten Simulation, wurden Umwelt, Mensch und Tier in einem Radius von mehr als 30 Kilometern auf Jahrzehnte hinaus verstrahlt.

In Lubmin, einem beschaulichen Ostseebad in der Nähe von Greifswald, versorgte derweil ebenfalls ein Kernkraftwerk russischer Bauart elf Prozent der DDR-Bevölkerung mit Strom, weite Teile der Region mit Fernwärme und beinahe 4.000 Menschen mit einem sicheren Arbeitsplatz. Wobei das Thema Sicherheit nach der Wende, als auch vertuschte Störfälle in Greifswald publik wurden, neu verhandelt werden musste. Vor allem die vier Reaktorblöcke aus den späten 1960er und 1970er Jahren wiesen nach einer Risikoanalyse gravierende Mängel auf, sodass ein Weiterbetrieb nur nach einer teuren Modernisierung zu verantworten gewesen wäre.

Seit der finalen Abschaltung Ende 1990 wird in Lubmin nun aufwendig zurückgebaut. Block 6, der zur Wendezeit noch nicht in Betrieb war, wurde hingegen im Zuge der Expo 2000 zur Besichtigung freigegeben. Nirgendwo sonst kann man so tief in das Thema und in die Strukturen eines Atomkraftwerks eindringen. Selbst der beeindruckende Blick in den Reaktor ist hier möglich.

Adresse Latzower Straße, 17509 Rubenow, www.ewn-gmbh.de | **Anfahrt** über A 20 aus Richtung Berlin bis Ausfahrt 27-Gützkow in Richtung B 111 / Wolgast / Greifswald-Süd, links auf L 35 Richtung Greifswald, rechts auf B 109 Richtung Anklam / Wolgast / Greifswald / Schönwalde, links auf Anklamer Landstraße / L 26, rechts auf Koitenhäger Landstraße / L 26, rechts auf Wolgaster Straße / L 26, weiter auf L 26, in Kemnitz weiter geradeaus auf L 262 / Dorfstraße, Ausschilderung in Richtung EWN folgen | **Öffnungszeiten** Informationszentrum Nov. – März Mo – Fr 9 – 17.30 Uhr; April – Okt. Mo – So 9 – 17.30 Uhr, die Besichtigung von Block 6 ist nur nach rechtzeitiger Voranmeldung möglich | **Tipp** Drei Kilometer westlich, im Seebad Lubin, gibt es dann die ganze ostdeutsche Ostseeidylle samt breitem weißem Strand und ausladender Seebrücke. Sehr schön!

92 Das Foltermuseum

Schmerz im Namen der Kirche

Reichst du mir bitte mal die Häretikergabel. Wo hast du die Streckleiter hingestellt? Ich brauche unbedingt diesen neuen Sankt-Elms-Gürtel! Du spielst so schön auf deiner Halsgeige. So klang wohl das Gespräch zweier Inquisitoren im Mittelalter. An Kreativität mangelte es den päpstlich bestellten Ermittlern auf keinen Fall. Führte das Verhör der verdächtigen Ketzer nicht zum Ziel, verliehen die Kirchenmänner ihrer sogenannten peinlichen Befragung gern mit zahllosen interessanten Instrumenten Nachdruck. Denn ein Geständnis musste her, und der geübte Inquisitor erreichte das immer. Damit nicht der Verdacht aufkam, es wäre unter Zwang oder Schmerz entstanden, wurde die protokollierte Aussage in einem Nebenraum unterzeichnet. Von diesem Moment an hatte der Gepeinigte zwei Möglichkeiten: Widerruf und Rückkehr in den Schoß der Kirche oder Scheiterhaufen.

In Rüdesheim widmet sich ein ganzes Museum diesen alten Folterpraktiken. Auf über 1.000 Quadratmetern werden all die teuflischen Gerätschaften, die damals im Namen der katholischen Kirche zum Einsatz kamen, präsentiert. Die Gedornte Halskrause, die Kopfpresse, die Eiserne Mundsperre, aber auch so beliebte Klassiker wie Pranger, Galgen, Streckbank oder der Keuschheitsgürtel.

Die Rüdesheimer Sammlung zeigt didaktisch aufbereitet in der größten europäischen Ausstellung ihrer Art 144 Folterwerkzeuge, zahllose Geräte zur Exekution oder öffentlichen Demütigung und eine umfangreiche Galerie mit Zeichnungen und Radierungen zu den Grausamkeiten dieser Zeit.

Um diesem klerikalen Teufelszeug zu widerstehen, musste man ein echter Mann sein. Selbst Galileo widerrief damals seine Theorie von der Erde als Kugel, um der Inquisition zu entgehen. Nach einem Besuch im Foltermuseum kann man das verstehen und will sich unter all den Eindrücken nur noch gemütlich in die Judaswiege legen.

Adresse Oberstraße 49–51, 65385 Rüdesheim am Rhein, www.foltermuseum.com | **Anfahrt** A 66 Richtung Wiesbaden/Mainz/Köln, weiter auf Rhein-Main-Schnellweg/B 42, links auf Grabenstein/B 42, rechts auf Rheinstraße/B 42, rechts auf Löhrstraße, rechts auf Oberstraße | **Öffnungszeiten** Karfreitag–Okt. Mo–So 10–18 Uhr; Nov.–Karfreitag Sa, So 13–17 Uhr | **Tipp** Eine gute Gegend, um in der hügeligen Landschaft, den Weinbergen entlang des Rheins, endlich mal das Segwayfahren auszuprobieren. Geht zum Beispiel hier www.ruedesheimer-segtouren.de.

93 Die Boofen

Oben Fels und unten Fels

Bei einer Wanderung oder Klettertour durch die atemberaubend schöne Sächsische Schweiz trägt Mann natürlich festes Schuhwerk. Am Abend kann er dann die gereizten Füße entweder in einer der netten kleinen regionalen Pensionen, auf einem Campingplatz oder im luxuriösen Hotel hochlegen. Als echter Kerl schläft Mann aber dort, wo ihn die Erschöpfung des erlebnisreichen Tagwerks zu Boden zwingt, unter einem Felsvorsprung mit Blick in die einmalige Landschaft aus schroffen Felsen, tiefgrünen Fichten und kühlen Bachläufen. Wenn diese beinahe magische Welt von der untergehenden Sonne in ein sattes Rot getaucht wird, bevor sie in einem immer dunkler werdenden Blau verschwindet, dann kann kein noch so bequemes King-Size-Bett mit der harten Isomatte konkurrieren. Nirgendwo lässt es sich dann zufriedener schlafen.

Oder pofen, wie nicht nur der Sachse sagt. Selbst der Duden kennt dieses Wort, das wohl Pate stand, als die Freiübernachtungsmöglichkeiten – so verbucht es das Amtsdeutsch – einen geeigneten Namen brauchten. Aus dem sächsischen Hang zum Verweichlichen der Konsonanten und zum Ziehen der Vokale entstanden die Boofen. Knapp 60 solcher natürlichen und sogar amtlich genehmigten Unterschlüpfe zählt die Nationalparkverwaltung auf. Allerdings werden viele Boofen auch als Geheimtipp unter eingefleischten Wanderern und Kletterern gehandelt. Es bietet sich also an, vorher im Internet oder direkt vor Ort in der Sächsischen Schweiz einen Insider zu fragen. Sicher kennt der einen noch viel besseren Platz.

Übrigens sollte man eher auf einen warmen Schlafsack denn auf ein wärmendes Feuer setzen. Das ist nämlich abseits speziell eingerichteter Feuerstellen verboten. Alkohol bietet sich als Brennstoff auch nicht gerade an, denn so schön die Gegend ist, so gefährlich kann ein unbedachter Schritt doch sein. Und wer hat schon Lust, die Nacht mit gebrochenen Rippen in einer Felsspalte zu verbringen?

Adresse Der Nationalpark Sächsische Schweiz erstreckt sich zwischen Pirna, Sebitz und Schmilka entlang dem Ostufer der Elbe und geht auf tschechischer Seite in die böhmische Schweiz über: www.nationalpark-saechsische-schweiz.de. | **Anfahrt** Bad Schandau, Nationalparkverwaltung: A 17 Richtung Prag, bei Ausfahrt 6-Pirna Richtung B 172/ Bad Schandau fahren, auf B 172a, Ausfahrt B 172 Richtung Pirna/Dresden/Heidenau/ Bad Schandau, rechts auf Dresdner Straße/B 172, weiter auf Krietzschwitzer Straße/ B 172, rechts auf Lindenallee/B 172, rechts auf Marktplatz, weiter auf Königsteiner Straße, rechts auf An der Elbe | **Tipp** Für einen ersten Überblick bietet sich die Aussicht von der berühmten und touristisch voll erschlossenen Bastei in Lohmen an. Danach weiß Mann, worauf er sich beim Boofen einlässt.

94 Die Slyrs-Destillerie

Bavarian Single Malt

Es gibt Berufe, die sich auch im rasanten 21. Jahrhundert einfach nicht beschleunigen lassen. Ein Destilliermeister beispielsweise, der muss auf den richtigen Moment warten. Nach zweimaligem Destillieren muss er den Vorlauf und den Nachlauf abtrennen, darf nur den guten Mittellauf ins Fass geben und kann dann nur noch warten. Drei Jahre oder sogar zwölf Jahre! Warten gehört einfach zum Produktionsprozess, einen guten schnellen Whisky gibt es nicht, und das spürt man bei Slyrs am schönen Schliersee.

Man betreibt das hier mit absoluter Ernsthaftigkeit, deshalb bleibt viel Zeit für die Auswahl der Gerste von den Feldern Nordbayerns, für das Malzen im Traditionsbetrieb in Bamberg, für das Schroten, Maischen und Erhitzen und eben für die kontinuierliche, äußerst professionelle Vermarktung des goldenen Trunks. Und zu der gehören auch der freundliche Empfang der Besucher, die bestens präsentierte, vollkommen transparente Whiskyproduktion und die Verkostung am Ende der Tour. Die beginnt im hauseigenen Kino, führt vorbei an Kesseln, Röhren und kryptischen Armaturen, an Schautafeln, Tast- und Geruchsproben hin zum Allerheiligsten, der Fasslagerung. In drei Schichten sind hier mehrere hundert Eichenfässer gelagert, nach all der Vorarbeit entsteht erst darin Whisky, der sehr gute Dreijährige und der wahrscheinlich sensationelle Zwölfjährige, der erstmals 2015 abgefüllt wird. Eine der allerersten Flaschen aus der Slyrs-Destillerie wurde bei Ebay schon für knappe 1.000 Euro gehandelt.

Wenn man dann an den Fässern vorbei die Galerie besteigt, mit dem zierlichen Whisky-Schwenker in der Hand an die Panoramascheibe tritt, weit in die Ebene blickt, an deren Ende sich der Wendelstein hoch auftürmt, dann beglückwünscht man den Slyrs-Gründer Florian Stetten zu seiner guten Idee und weiß, dass nicht nur Malz im bayrischen Single Malt steckt, sondern auch der Zauber dieser zauberhaften Gegend.

Adresse Bayrischzeller Straße 13, 83727 Schliersee, www.slyrs.de | Anfahrt A 8 Richtung Salzburg, bei Ausfahrt 98-Weyarn Richtung Bayrischzell / Schliersee / Miesbach fahren, rechts auf Münchener Straße / St2872, im Kreisverkehr 2. Ausfahrt nehmen (St2872), im Kreisverkehr 1. Ausfahrt nehmen (B 472), links halten auf B 307, rechts auf Schlierseestraße / B 307, links auf Bayrischzeller Straße | Öffnungszeiten Mo – So 10 – 17 Uhr | Tipp Im wunderschönen Schliersee kann man baden, auf dem See Boot fahren. Mit dem Schiff kommt man zur Seeinsel Wörth samt Wirtshaus.

95 Das Bud Spencer Freibad

Plattfuß an der Rems

Erwachsene Männer mit feuchten Augen tragen T-Shirts, präsentieren Tätowierungen, wollen ein Autogramm. Wen beten sie an? Keine schöne Frau, keinen treffsicheren Fußballstar, sondern einen uralten, dicken Italiener: Bud Spencer. Der Gott des Klamaukkinos. Eine ganze Generation vornehmlich junger Männer ist mit seinen Filmen aufgewachsen. Als Plattfuß, als der Dicke, meistens Seite an Seite mit Terence Hill, kämpfte er darin schlagkräftig für das Gute. Für die Jungs von damals war Bud Spencer, der eigentlich Carlo Pedersoli heißt, ein Held und für den einen oder anderen – vor allem für den mit dem Bud-Spencer-Tattoo – wohl auch Vaterersatz.

Einer dieser Jungs muss 2011 auf die Onlineabstimmung der baden-württembergischen Stadt Schwäbisch Gmünd gestoßen sein, mit der diese einen Namen für ihren nagelneuen Bundesstraßentunnel suchte. Unter den über 80 Vorschlägen aus der Bevölkerung befand sich auch der Name Bud Spencer. In den 50er Jahren war der im örtlichen Freibad als erfolgreicher italienischer Schwimmer bei einem Länderkampf angetreten. Der Namensvorschlag und die Abstimmung stießen bei den deutschlandweiten Bud-Spencer-Jüngern auf ungeahntes Interesse. Eine Facebookinitiative warb für den aus Sicht der Schwäbisch Gmünder Stadtverwaltung eher abseitigen Vorschlag. Der digitale Flashmob wurde durch die mediale Berichterstattung ordentlich befeuert, und hätte der Schwäbisch Gmünder Stadtrat nicht die Notbremse gezogen, würde die B 29 heute durch den Bud-Spencer-Tunnel führen.

Stattdessen gibt es nun das Bud-Bad. Hier ist der Namenspatron 1951 geschwommen, und hierher kehrte er 2011 zur Umbenennung zurück. Neben dem Wettkampfbecken finden sich heute dort Whirlpool, Wasserrutsche, Liegewiese, Imbiss und alles, was ein modernes Freibad braucht. Und das ist doch tausendmal besser als ein Straßentunnel, der übrigens Gmünder Einhorn-Tunnel heißt. Happy End!

Adresse Richard-Bullinger-Straße, 73525 Schwäbisch Gmünd, www.stwgd.de/4997-Bud-Spencer-Bad.html | Anfahrt A 6 Richtung Heilbronn/Ansbach, am Autobahnkreuz Feuchtwangen/Crailsheim rechts halten und den Schildern A 7 in Richtung Füssen/Ulm/Feuchtwangen-West folgen, bei Ausfahrt 114-Aalen/Westhausen auf B 29 in Richtung Aalen/Westhausen/Nördlingen/Schwäbisch Gmünd fahren, links auf B 29, rechts auf Herlikofer Straße/L 1075, links auf Schießtalstraße, weiter auf Richard-Bullinger-Straße | Öffnungszeiten Mai Mo–Fr 8.30–20 Uhr, Sa, So 8–20 Uhr; Juni–Aug. Mo–Fr 8.30–21 Uhr, Do 6.30–21 Uhr, Sa, So 8–21 Uhr; Sept. 8.30–20 Uhr, Sa, So 8–20 Uhr | Tipp Ganz neu war die Idee mit dem Bad nicht. In Lommatzsch, im tiefsten Sachsen, verbrachte nämlich Terence Hill einige Jahre seiner Kindheit und griff bei der Sanierung des örtlichen Freibads nach der Wende tief in die Tasche. Mittlerweile stünde die nächste Sanierung an, deshalb ist das Terence-Hill-Bad in Lommatzsch seit 2011 leider geschlossen.

96 Das Auto & Technik Museum

Der Geruch von Öl und Freiheit

Wer es bis zu diesem Ort geschafft hat, dem wird mittlerweile klar geworden sein, dass es in diesem Buch nicht um das Abfeiern männlicher Klischees gehen soll. Nichtsdestotrotz stelle ich als Autor die steile These auf, dass 95 Prozent aller Leser – ob Tischler, Zahnarzt, Atomphysiker, Profiradrennfahrer oder Steuerberater – das Herz höherschlägt, wenn ein Motor brummt, eine Lok zischt oder die Triebwerke eines Flugzeugs zünden. Es geht um Beschleunigung, um Mobilität, um das Versprechen von Freiheit.

In Sinsheim im Auto & Technik Museum haben sich vor über 30 Jahren mehr als eine Handvoll Mobilitätsbegeisterte mit ganz unterschiedlichen Vorlieben zusammengefunden, einen Verein gegründet und im weiteren Verlauf ein Museum geschaffen, in dem zu seiner Eröffnung all die verschiedenen, oftmals privat restaurierten Schmuckstücke auf immerhin 5.000 Quadratmetern einen adäquaten Präsentationsrahmen fanden. Und weil die eingangs aufgestellte These gar nicht so steil ist, gingen die Besucherzahlen innerhalb kürzester Zeit durch die Decke der kühnsten Erwartungen. So sehr, dass in den Folgejahren die Ausstellungsfläche mehr als versechsfacht werden konnte. Da gab und gibt es Oldtimer aus allen Epochen, die größte deutsche Privatsammlung solch automobiler Leckerbissen wie Maybach oder Bugatti, Hunderte Motorräder, zahllose Flugzeuge, Rennwagen, Lokomotiven, Militärfahrzeuge und vieles mehr. Ein Ort zum Staunen angesichts der großen und kleinen Erfindungen der vergangenen mehr als 100 Jahre.

Das absolute Highlight findet sich auf dem Museumsdach: Die zwei einzigen in Serie gebauten Überschallverkehrsflugzeuge, die gleichzeitig den subtilen Wissensaustausch zu Zeiten des Kalten Krieges eindrucksvoll illustrieren. Die Tupolev 144 aus russischer Produktion und ihr britisch-französischer Zwilling, die Concorde.

Adresse Museumsplatz, 74889 Sinsheim, sinsheim.technik-museum.de | Anfahrt A6 Richtung Mannheim/Karlsruhe, bei Ausfahrt 33b-Sinsheim-Süd Richtung Kraichgau fahren, Beschilderung in Richtung Sinsheim-Süd folgen, rechts Richtung Neulandstraße, 1. Abzweigung rechts nehmen, um auf Neulandstraße zu wechseln, weiter auf In der Au, rechts auf Eberhard-Layher-Straße, führt bis zum Museum | Öffnungszeiten Mo–Fr 9–18 Uhr, Sa, So, Feiertage 9–19 Uhr | Tipp Direkt gegenüber dem Museum, auf der anderen Seite der Autobahn, befindet sich die Rhein-Neckar-Arena. Die moderne Heimspielstätte der TSG 1899 Hoffenheim kann im Rahmen von Touren besichtigt werden.

97 Das Technik Museum

So richtig große Technik

Die Erfindung der Armbanduhr war ein riesiger Schritt, Mikroprozessoren haben unsere Gegenwart verändert, Nano-Technik ist das nächste heiße Ding. Wer aber einen Fuß in das Technik Museum in Speyer setzt, der weiß, was den Mann an Technik wirklich beeindruckt: Größe und Kraft. Wer muss da noch eine Miniaturbahn mit klitzekleinem Elektromotor durch Pappmascheeberge schicken? Hier finden sich all die allergrößten Gerätschaften, die die Menschheit in den zurückliegenden 100 Jahren hervorgebracht hat.

Und dafür braucht es natürlich auch gigantisch viel Platz. 25.000 Quadratmeter hat das Technik Museum an überdachter Fläche zur Verfügung, die Freifläche erstreckt sich sogar über 150.000 Quadratmeter. Dort kann man beispielsweise die U9, ein ehemaliges Unterseeboot der Bundesmarine, besichtigen, am Stück wohlgemerkt. Auch eine Boeing 747, der unerreichte Jumbojet, das größte Serienpropellerflugzeug der Welt, eine russische Antonov 22, der Seenotrettungskreuzer John T. Essberger und eine Transall machen aus einem Museum einen spektakulären Parkplatz / Hafen / Flughafen der mobilen Superlative.

Und weil das dem gemeinnützigen Betreiberverein noch nicht gereicht hat, haben die verrückten Technikfreunde mal eben einen Buran-Raumgleiter geordert, das russische Gegenstück zum Space Shuttle. Der kam aber nicht vom Himmel geschwebt, sondern übers Meer aus Bahrain und dann per Ponton von Rotterdam den Rhein hinauf. In Speyer hat er seinen Platz in der Ausstellung »Apollo and Beyond« gefunden, neben so sensationellen Exponaten wie der Originallandekapsel der Sojus Mission TM 19, mit der der deutsche Astronaut Ulf Merbold 1994 von der MIR auf die Erde zurückkam, oder einer Replik der Wostok, dem Raumschiff, mit dem Juri Gagarin als erster Mensch ins All flog.

Außerdem gibt es noch wunderschöne Oldtimer zu bewundern, eine der größten Feuerwehrsammlungen Europas und vieles mehr.

Adresse Am Technik Museum 1, 67346 Speyer, speyer.technik-museum.de | Anfahrt A 6 bis Dreieck Hockenheim, auf A 61 Richtung Speyer bis Ausfahrt 64-Hockenheim, rechts auf L 722, weiter auf B 39 bis Ausfahrt Richtung Flughafen, links auf Industriestraße, links auf Heinkelstraße, Parkplatz links | Öffnungszeiten Mo–Fr 9–18 Uhr, Sa, So und Feiertage 9–19 Uhr | Tipp Eine Nummer kleiner geht es im ins Technik Museum integrierten Museum Wilhelmsbau zu. Hier gibt es Mode, Instrumente, Waffen, Uniformen, vor allem aber das »Lindenstraßen-Zimmer«, die Ausstellung zur deutschen Endlos-Soap.

98 Das Kyffhäuserdenkmal

Rotbart und Wilhelm

Dieses Denkmal sieht man von Weitem schon. Es thront in über 400 Metern Höhe unterhalb des Gipfels des Kyffhäusers. Eine Landmarke und das drittgrößte deutsche Bauwerk seiner Art. Wie auch beim Kaiser-Wilhelm-Denkmal in Porta Westfalica (siehe Seite 178) und beim Völkerschlachtdenkmal in Leipzig (siehe Seite 124) war Bruno Schmitz für den Entwurf verantwortlich. Zu Zeiten des Deutschen Reiches sollte das 81 Meter hohe Bauwerk, wie auch die anderen überdimensionierten Monumente dieser Zeit, das nationale Selbstbewusstsein stärken und Feinden von außen wie von innen Macht und Wehrhaftigkeit demonstrieren.

Neben Wilhelm I., dem auch das Kyffhäuserdenkmal gewidmet ist, bezieht sich der Bau aber auch noch auf einen ganz anderen Monarchen, auf Barbarossa, Kaiser des Heiligen Römischen Reiches von 1155 bis 1190. In Stein gehauen findet er sich 6,50 Meter groß im Sockel des Denkmals. Barbarossa, der während des dritten Kreuzzuges im Fluss Saleph, heute Göksu, in der Südtürkei ertrank, wurde seit dem Mittelalter als mythisches Idealbild eines kraftvollen und gerechten Herrschers verklärt. Aus der Sehnsucht nach Einigkeit und Frieden entwickelte sich die Barbarossasage. Angeblich schläft der Kaiser samt Hofstaat im Inneren des Berges und wartet auf den rechten Moment, um das deutsche Volk wieder zu einen. So sitzt Barbarossa auch am Kyffhäuser schläfrig auf seinem Thron, die Krone auf dem Kopf, ein Auge geöffnet, als würde er gerade erwachen. Mit der Entstehung des Deutschen Reiches galt Kaiser Wilhelm als derjenige, der die Prophezeiung der Sage vollendet hatte. So stellt es zumindest das Denkmal dar, das natürlich im Lauf der Geschichte gern und ganz unterschiedlich interpretiert und instrumentalisiert wurde.

Ganz nach oben führen übrigens 247 Stufen, die man überwinden sollte, denn der Ausblick aufs Kyffhäusergebirge, auf den Harz und den Thüringer Wald ist einmalig schön.

Adresse Kyffhäuser, 06567 Steinthaleben, www.kyffhaeuser-tourismus.de | **Anfahrt** A 39 bis Ausfahrt 14-Roßla in Richtung Bennungen, rechts halten auf L 151 in Richtung Roßla, links auf Kyffhäuserstraße, rechts weiter auf L 234, rechts auf Tilledaer Straße / L 234, links auf Frankenhäuser Straße / B 85, links auf L 2297, Beschilderung folgen bis zum Parkplatz | **Öffnungszeiten** April – Okt. Mo – So 9.30 – 18; Nov. – März Mo – So 10 – 17 Uhr | **Tipp** Vom Kyffhäuser aus ist man in wenigen Minuten in Bad Frankenhausen, dort empfiehlt sich ein Besuch im Panoramamuseum mit dem berühmten Panoramagemälde »Frühbürgerliche Revolution in Deutschland« von Werner Tübke und vielen anderen Werken.

99 Das Ozeaneum

Superlativ aus Glas und Wasser

Wer Moby Dick gelesen hat, wer den Weißen Hai gesehen hat, wer sich in Jules Vernes Nautilus träumte, wer gern zum Hochseeangeln fährt, wer akribisch sein Aquarium hegt und pflegt: Jeden Einzelnen wird dieses Museum in seinen Bann ziehen.

Am Rande der wunderschönen UNESCO-gelisteten Altstadt Stralsunds, direkt auf der Hafeninsel in der Meerenge Strelasund, haben die Stuttgarter Behnisch Architekten den atemberaubenden Neubau für das Ozeaneum geschaffen: fünf miteinander vernetzte Dauerausstellungen in vier verbundenen Gebäudeteilen aus Glas, Beton und Stahl, ergänzt durch eine der beeindruckendsten Aquarienwelten Europas.

Man braucht viel Zeit, um all die Eindrücke, die Informationen, die Bilder zu erfassen. Wenn man sich einen ersten Überblick verschafft hat, schaut man erstaunt auf die Uhr, vier Stunden sind dann ganz locker vergangen. Erschließen muss man sich das Ozeaneum also ganz sanft, nach eigenen Interessenschwerpunkten, ohne den Anspruch, für das vollkommen gerechtfertigte, aber eben doch recht hohe Eintrittsgeld alles gesehen haben zu wollen. So wird auch jeder seine ganz eigenen Bilder mit nach Hause nehmen. Darunter sind ganz sicher die wirklich gut gemachte Ausstellung zur Erforschung der Meere samt virtueller Tauchfahrt, das riesige Becken »Offener Atlantik« mit der fünf mal zehn Meter großen Panoramascheibe, die den Blick auf Schwarmfische, Haie und Rochen freigibt, die Humboldtpinguine auf dem Dach des Ozeaneums vor der Silhouette der Stralsunder Altstadt und die lebensgroßen Wale in der Ausstellung »1:1 Riesen der Meere«. Insgesamt leben hier 7.000 Tiere verteilt auf 45 Aquarien mit einer Gesamtwassermenge von sechs Millionen Litern, für deren Erstbefüllung 150 Tonnen Salz benötigt wurden. Ein Ort des Wissens, ein Ort des Staunens, ein Ort, an dem auch der gestandene Mann aus Kinderaugen in die wundersame, wunderschöne Welt der Meere blickt.

Adresse Hafenstraße 11, 18439 Stralsund, www.ozeaneum.de | **Anfahrt** A 20 Richtung Lübeck/Stralsund, bei Ausfahrt 24-Stralsund in B 69 Richtung Fähre/Sassnitz einfädeln, Ausfahrt Richtung Hafen/Stralsund-Dänholm, links auf An der Hafenbahn, geradeaus auf Hafenstraße, links auf Am Langenkanal, links auf am Querkanal, rechts auf Am Fischermarkt, rechts auf Neue Semlower Straße | **Öffnungszeiten** Juni–14. Sept. Mo–So 9.30–21 Uhr, 15. Sept.–Mai Mo–So 9.30–19 Uhr | **Tipp** Das Ozeaneum ist nur eines von vier Standorten des berühmten Deutschen Meeresmuseums, das Museum selbst und das Nautineum sind nach kurzem Fußmarsch zu erreichen, das Natureum befindet sich auf dem Darß.

100 El Dorado

Wilder Westen im Wilden Osten

Männer neigen zu schrägen Hobbys, fahren Motorrad, sammeln Zollstöcke, filmen Straßenbahnen. Manche verkleiden sich sogar. Und wenn sie sich verkleiden, und das unterscheidet sie wohl von den meisten Frauen, dann machen sie das nicht zum Spaß. Ob mittelalterlicher Schmied, Kapitän eines Sternenschiffs, Cowboy und Indianer – ob bei Brettspielen, PC-Abenteuern, in Biwaks, Ritterlagern oder eben in Westernstädten: Es geht um das ganzheitliche Eintauchen in romantisierte, meist männliche Phantasiewelten, und Ironie hat dort nichts zu suchen.

Wer weiß, was der Mann mit dieser Art Rollenspiel kompensiert? In Bezug auf die liebevoll gestaltete Westernstadt El Dorado ist eins klar: Wenn der Sheriff den Colt zieht und der Häuptling die Sehne spannt, dann keine Angst, die wollen nur spielen. Und genau darum geht es im 70.000 Quadratmeter großen Themenpark im schönen brandenburgischen Templin: um möglichst ausgelassenes Spiel in möglichst authentischer Kulisse. Dazu haben sich die Macher einiges einfallen lassen: Bei der Fahrt in der Wells-Fargo-Postkutsche verschafft sich der Fremdling am besten einen Überblick über El Dorado, lässt sich beim Sheriff sehen, kann die Bank auskundschaften, vorsichtshalber den örtlichen Friedhof besichtigen und besorgt sich im General Store das Equipment für die Goldwaschexkursion. Schließlich verspricht die Sage von El Dorado endlose Goldreichtümer. Die interaktiven Angebote des Parks reichen vom Trailritt bis zum Bogenschießen. Die verschiedenen Tanz- und Stuntshows der Cowboys und echten Indianer erhöhen den Unterhaltungswert der Westernstadt noch einmal. Deftiges Essen und Trinken bekommt das Greenhorn beispielsweise in der Beaver Lodge, im Steakhouse und natürlich im Saloon. Und wem der Tagesbesuch im Wilden Westen nicht genügt, der kann allein oder in der Gruppe im Westernhotel, in einem der Ranchhäuser, im Fort oder sogar im Tipi übernachten.

Adresse Am Röddelinsee 1, 17268 Templin, www.eldorado-templin.de | **Anfahrt** A 11 bis Ausfahrt 12-Finowfurt auf B 167 in Richtung Eberswalde / Liebenwalde, links auf Marienwerderstraße / B 167, rechts auf L 220 Richtung Eichhorst, weiter auf Eichhorster Chaussee bis Schorfheide, rechts auf Berliner Straße / L 100, weiter auf L 100 / Prenzlauer Straße bis Gollin, links auf Zehdenicker Landstraße / L 216 bis Vietmannsdorf, rechts auf Uhlenhof / L 216 bis Templin, links auf Hindenburger Straße, links auf Zehdenicker Straße / B 109, rechts auf Kiefernweg, links auf Am Röddelinsee | **Öffnungszeiten** Anfang Mai – Mitte Okt. Mo – So 10 – 18 Uhr, detaillierte Öffnungszeiten auf der Website des Parks | **Tipp** Nach der staubigen Westernstadt lockt das Fahrgastschiff Uckerperle mit einer Tour über den wunderschönen Röddelinsee. Das ist zwar kein Mississippi-Raddampfer, dafür erlebt man vom Freideck aus Brandenburg von seiner schönsten Seite.

101 Goldschürfen am Rhein

Auf der Suche nach dem Rheingold

Ob die Sage vom südamerikanischen Eldorado, unauffindbar verborgen im undurchdringlichen Urwald, oder die vom Lande Ophir aus dem Alten Testament – überlieferte Geschichten von unerschöpflichen Goldreserven an mystischen Orten befeuerten immer wieder die Phantasie und den Forscherdrang der Menschen. Meist waren es Männer, die sich mit Spitzhacke, Schaufel und Schüssel bewaffnet dem Glauben an den einen großen Fund teilweise exzessiv hingaben. Die schnellere Fortbewegung durch den Ausbau der Eisenbahn und die verbesserte Kommunikation durch ein flächendeckendes Telegrafennetz lösten vor allem zu Beginn und zur Mitte des 19. Jahrhunderts in Nord- und Mittelamerika die bedeutendsten Goldräusche der Geschichte aus.

In Deutschland kann man von einem gemäßigten Goldfieber sprechen. Trotzdem hat gerade der schwindelerregende Anstieg des Goldpreises in den vergangenen Jahren das Interesse am König unter den Metallen erneut erwachen lassen. Überall in Deutschland stehen inzwischen Glücksjäger an Flussufern knietief im Wasser und spülen Sand über blecherne Pfannen. Dem ganz großen Reichtum strebt dabei aber bis auf ein paar unverbesserliche Träumer auch am Rhein kein Mensch entgegen. Denn das Rheingold aus der Nibelungensage wird hier mit Sicherheit niemand heben. Was der Fluss anspült, ist sogenannter Flitter. Kleine Nuggets mit einem Durchmesser von einem halben Zentimeter sind eher eine Seltenheit.

Der wahre Schatz des modernen Goldsuchers ist das Erlebnis an sich. Die Goldwaschbänke am flachen Alt- und Hochrhein sind wunderschön gelegen. Die Touren, die man dort beim Profigoldsucher Franz-Josef Andorf aus Titisee-Neustadt buchen kann, sind gut geplant und passen in die Kategorie aktive Erholung mit Abenteuerbonus. Und am Abend, wenn abgewogen wird, dann bricht beim Wettbewerb um den höchsten Grammwert bei den Teilnehmern doch ein kleines, aber feines Goldfieber aus. Versprochen.

Adresse diverse Goldbänke entlang des Altrheins, Touren über Franz-Josef H. Andorf, Ahornweg 3, 79822 Titisee-Neustadt, www.goldsucher.de | Anfahrt je nach Tour: Markgräflerland zwischen Breisach und Basel (deutsche und elsässische Rheinseite), Hochrhein im Kreis Waldshut | Öffnungszeiten aktuelle Termine auf der Homepage | Tipp Wem der Flitter nicht genug ist, der kann im Landesbergbaumuseum in Sulzburg einen Blick auf ein paar richtige Klumpen werfen, allerdings eher Salz und Erz. Dazu gibt es Geschichte und Technik des Bergbaus in der Region. Gut gemacht in einer alten Stadtkirche.

102 Das Ötzi-Dorf

Beim coolsten Kerl der Steinzeit

Der Mann der Stunde, das war der kleine Mittvierziger mit den braunen Augen im Jahr 1991. Als er nach so langer Zeit aus der Versenkung auftauchte, hatte die ganze Welt so viele Fragen an ihn. Das Time Magazin machte ihn in seinem Ranking zu einem der 25 wichtigsten Menschen des Jahres, brachte den Südtiroler dann sogar auf den Titel. Der blieb dabei ziemlich cool, sogar als man ihm den etwas infantilen Spitznamen Ötzi verlieh – an den gleichnamigen Schunkel-DJ war damals allerdings noch nicht zu denken. Hätte Ötzi geahnt, welch einen Trubel sein spätes Erscheinen auslösen würde, wäre er in seinem letzten Frühsommer vor mehr als 5.000 Jahren wahrscheinlich einen anderen Weg gegangen. Dann hätte ihn das deutsche Ehepaar Simon eine halbe Ewigkeit später vermutlich nicht gefunden.

Nach zahllosen Untersuchungen mit allen modernen medizinischen Diagnoseverfahren wird heute davon ausgegangen, dass Ötzi – der hoffentlich Bruce hieß oder wenigstens Franz – auf der Flucht war. Von einem Pfeil getroffen und mit einem Stein endgültig niedergestreckt, überdeckte ihn erst eine dicke Schnee- und Eisschicht und später die Zeit.

Nach einem Streit um Zuständigkeit und Grenzverlauf am Fundort zwischen Österreich und Südtirol wurde der Mann aus dem Eis von Innsbruck nach Bozen überstellt. Dort kann man die Mumie, die Fundstücke und eine moderne archäologische Ausstellung besichtigen. In Umhausen im Ötztal entstand, ausgelöst durch den Fund und die bis dahin vernachlässigte archäologische Aufarbeitung der Region, das Ötzi-Dorf, ein spannendes Freilichtmuseum, in dem man selbst tief eintauchen kann in die Jungsteinzeit. Im Rahmen von Besichtigungen und Kursen lässt sich in dieser authentischen Siedlung das alltägliche Leben nachempfinden, vom Waffenbau über die Viehzucht bis zur Jagd. Mehr als 5.000 Jahre später hat Ötzi in Umhausen eine zweite Heimat gefunden.

Adresse Am Tauferberg, 6441 Umhausen, Österreich, www.oetzi-dorf.at | **Anfahrt** aus Richtung Innsbruck über A 12 bei Ausfahrt 123-Ötztal auf B 186, B 185 folgen bis Umhausen, links auf Löck, rechts auf Niederthaier Straße, links auf Am Tauferberg, Parkplatz links | **Öffnungszeiten** Mai–Sept. Mo–So 9.30–17.30 Uhr; Okt. 9.30–17 Uhr | **Tipp** Ein paar Kilometer östlich vom Ötzi-Dorf befindet sich der mit 159 Metern höchste Wasserfall Tirols, der Stuibenfall.

103 Paintballaction

Schusswechsel am Schwarzlsee

Was will Mann machen? Wenn der Chef in Alphatiermanier täglich das Revier markiert? Wenn der beste Freund die eigene Frau hofiert? Wenn der Nachbar in der Nacht mit dem Bohrhammer die Wand perforiert? Wenn man nun schon im zehnten Jahr studiert und der Prof die Arbeit mit einer Sechs verziert? Dann, ja dann ist es Zeit, den Chef, den Freund, den Nachbar, den Prof zu fesseln und zu knebeln und nach Unterpremstätten am Schwarzlsee zu entführen, in Europas größte Paintballhalle. Hier kann man all die Rachegelüste genüsslich und in bunten Farben ausleben, ohne dass der Ausflug vorm Haftrichter endet.

Die moderne Anlage nur wenige Kilometer südlich von Graz bietet auf einem 3.000 Quadratmeter großen Recballfeld verschiedenste Holzdeckungen, ein ausgeklügeltes Tunnelsystem und eine wunderbar gestaltete Hügellandschaft. Hier wird das beschauliche Räuber-und-Gendarm-Spiel früherer Tage zu einem echten Actionstreifen, dessen Hauptrolle man selbst übernimmt. In bester Auflösung und mit intuitiver Bedienung kann gegen die Realität jeder 3-D-Ego-Shooter einpacken. Und weil man dabei schnell und ohne große Übung maximalen Spaß hat, ist das Szenariogame vor allem bei Gelegenheitsspielern und Anfängern beliebt.

Das benachbarte 2.000 Quadratmeter große »Championsleague«-Feld auf bestem Kunstrasen ist hingegen nicht nur für Freizeitspieler, sondern auch für echte Profis eine Herausforderung und war bereits mehrfach Austragungsort nationaler und internationaler Wettkämpfe. Denn abseits von Rachegedanken und farbenfroher Revanche gibt es tatsächlich Regeln und Spielvarianten, die fernab kopfloser Ballerei Taktik und Teamwork fordern und fördern, den Spaß am Spiel letztendlich noch steigern und Paintball zu einer ernst zu nehmenden Funsportart machen. So wird der Chef, der Freund, der Nachbar oder der Prof nach dem ersten Schusswechsel am Schwarzlsee vielleicht ein Sportsfreund fürs Leben.

Adresse Thalerhofstraße 85, 8141 Unterpremstätten, Österreich, www.paintballaction.at | Anfahrt über die A 9 bis Ausfahrt 192-Schachenwald Richtung L 397, links auf L 397, im Kreisverkehr 2. Ausfahrt, auf L 397 bleiben, links auf Parkplatz | Öffnungszeiten Di–Fr 14–22 Uhr, Sa, So, Feiertage 11–22 Uhr, Gruppen ab 20 Personen nach Anmeldung auch außerhalb dieser Zeiten | Tipp Das Schwarzlsee-Freizeitzentrum bietet neben Paintball-action jedem Freund sportlicher Bewegung, kultureller Zerstreuung und kulinarischer Genüsse ein ungewöhnlich gutes und breites Angebot.

104 Die Taucherkessel

Versunkene Welt

Was gibt es dort unten zu sehen? Das fragt man sich doch öfter mal, wenn Taucher hoch motiviert in trübe Badegewässer hinabsteigen. Tatsächlich geht es dabei oft um die Übung des Tauchens an sich. Nach Löbejün in Sachsen-Anhalt zieht es Taucher seit einigen Jahren aber gerade wegen der guten Sicht und wegen dessen, was es zu sehen gibt. Denn die versunkene Welt der drei gefluteten Tagebaulöcher des ehemaligen Porphyr-Steinbruchs mit den nüchternen Bezeichnungen Taucherkessel I bis III ist faszinierend und wunderschön. Die drei kleinen Seen zählen zu Deutschlands beliebtesten Tauchgewässern, aufgrund des ungewöhnlich klaren Wassers und dessen, was sich auf ihrem Grund verbirgt:

Der kräftige Lichtstrahl der Taucherlampe streift dort die schroffen, steilen Felswände. Ein großer alter Barsch zieht sich mit langsamen Flossenschlägen ins Dunkel zurück, ein Schwarm kleiner Plötzen passiert aufgeregt die schwarzen Fensteröffnungen eines versunkenen Pumpenhauses, davor rostige Schienen, die weiter in die Tiefe führen. Alte Kipploren warten hier seit Ewigkeiten auf die nächste Ladung des rötlich grauen Naturgesteins. Am Boden wuseln neben dem Wrack eines Motorbootes kleine Krebse auf der Suche nach Nahrung. Am blassblauen Himmel schwebt, ebenfalls versunken und knapp unter der Wasseroberfläche fixiert, über allem ein Gleitflugzeug.

Eine unwirkliche, eine romantische Welt ist hier entstanden, nachdem der Porphyrabbau in den 70er Jahren beendet wurde. Gedankenlos ließ man einen Großteil der Gerätschaften zurück, Sträucher und Bäume wuchsen, und langsam stieg das Grundwasser und schuf ein kleines, ganz eigenes Universum am Rande von Löbejün.

Heute wird der Betrieb in den drei Kesseln nach Jahren des wilden Tauchens von einer Tauchbasis mit angeschlossener Schule aus organisiert. Übernachten kann man hier auch, mit dem Zelt oder dem Wohnmobil. Der richtige Ort für mutige Entdecker.

Adresse 06193 Wettin-Löbejün, www.taucherkessel.com | **Anfahrt** A 14 bis Ausfahrt 13-Löbejün, rechts auf K 2121 in Richtung Löbejün, in Höhe Steinbruch zweiter Feldweg rechts | **Öffnungszeiten** Tauchbasis Mo–So 9–18 Uhr | **Tipp** Sachsen-Anhalt ist flach und weitläufig, die nächstgrößere Stadt ist das 20 Kilometer entfernte Köthen. Hier wirkten zwei gegensätzliche Männer, der Erfinder der Homöopathie Samuel Hahnemann und Johann Sebastian Bach.

105 Der Bikepark

Bergab auf Weltniveau

Okay, das ist mit Sicherheit der Ort, an dem sich die Geister der Männer unterschiedlicher Generationen scheiden. Downhiller, Freerider oder Four-Crosser sind nicht die Namen der Rockerkumpels aus dem Easy-Rider-Universum, sondern die jeweiligen Vorlieben strammer Radsportler, die zwar lässig daherreden, aber mit ihren Fahrmaschinen körperliche Extremleistungen vollbringen – natürlich in bunten Klamotten, mit coolen Posen und zu pumpenden Beats. Aber Sport bleibt Sport, und so finden vielleicht auch über Fünfzigjährige Gefallen an den verrückten Sprüngen und atemberaubenden Duellen.

Nirgendwo sonst in Deutschland erlebt man die Szene der – wie nennt man sie jetzt am besten? – Extremradfahrer, der Mountainbiker so geballt und so extrem wie auf der Kappe des Winterbergs im sonst so beschaulichen Sauerland. Der dortige Bikepark versteht sich als der größte und vielseitigste seiner Art im ganzen Land. Insgesamt zehn Kilometer angelegte Strecken für verschiedene Disziplinen und unterschiedliche Schwierigkeitsgrade bieten Profis und Einsteigern den jeweils passenden Trail. Da es unterm Strich ums Bergabfahren geht, helfen Sessel- und Schlepplift beim schnellen Bergauffahren, damit es dann noch einmal und noch schneller bergab gehen kann. Und das geht so von April bis Oktober, über 20.000 Besucher hat der Bikepark in jedem Jahr zu verzeichnen. Nicht mitgerechnet ist dabei der alljährliche Höhepunkt und Saisonauftakt, das iXS Dirtmasters, das in jedem Jahr über 30.000 Zuschauer und beinahe 2.000 Fahrer aus der halben Welt auf den Winterberg ruft.

Männer, die bisher nur sonntags mit klapperndem Schutzblech durch den nahen Stadtwald geradelt sind, können im Bikepark den zu ihren Fähigkeiten passenden Kurs buchen, das richtige Material bekommt man vor Ort in der Bikestation, damit Großvaters Drahtesel nicht im nächsten Wasserloch versinkt.

Adresse Kappe 2d, 59955 Winterberg, www.bikepark-winterberg.de | **Anfahrt** A 33 Richtung Kassel, weiter auf B 480, links auf Heuweg / B 480, rechts auf B 516, links auf Möhnetal / K 57, links auf Alte Heeresstraße, weiter auf Kreuzbergstraße, geradeaus auf Hüttenstraße / B 480, links auf Bahnhofstraße / B 480, links auf Markt / B 480, links auf Carlsauestraße / B 480, rechts auf Am Waltenberg / B 236 / B 480, links auf Kapperundweg, rechts auf Kappe | **Öffnungszeiten** April – Okt. (witterungsabhängig) Mo – Fr 10 – 18 Uhr, Sa, So und Feiertage 9 – 18 Uhr | **Tipp** Natürlich kann man auf dem Winterberg im Winter auch Ski fahren, Sommerrodelbahn und Kletterwald machen den Erlebnispark Kappe in unmittelbarer Nachbarschaft zum Bikepark aber das ganze Jahr über zu einer echten Empfehlung.

106 Der Jägermeister

Das Elixier des heiligen Hubertus

Man sollte sich Zeit nehmen bei einem Besuch des Jägermeister-Stammwerkes in Wolfenbüttel. Schließlich braucht die Herstellung der besten Spirituosen neben den ausgesuchten Zutaten vor allem eins, nämlich Zeit. Und wer auf seiner Tour durch die heiligen Hallen seine Sinne schärft, vor allem die für Geschmack und Geruch, der wird ihm am Ende begegnen, dem Geist des Jägermeisters.

Angefangen hat alles mit Essig. Der Firmengründer Wilhelm Mast stellte den ab 1878 her. Weniger zum Verfeinern von Speisen als zur Kühlung im Bergbau des nahen Harzes. Doch nebenbei handelte der Essigfabrikant mit edlen Weinen, eine persönliche Leidenschaft, die auf seinen Sohn Carl überging. Der stoppte die Essigproduktion, die angesichts der breiten Konkurrenz, die industriell hergestellten Essig günstiger anbieten konnte, ohnehin rückläufig war. Doch Carl baute nicht nur den Weingroßhandel aus, er experimentierte auch mit verschiedenen Mixturen und vertrieb die Liköre unter Namen wie »Brennende Liebe« in seinem kleinen Laden. Dem Geheimnis des für ihn perfekten Kräuterlikörs kam er 1934 auf die Schliche. Aus 56 teils exotischen Kräutern, Blüten, Wurzeln und Früchten entstand der erste Jägermeister, dessen Name auf eine weitere seiner Leidenschaften, auf die Jagd, zurückgeht. Das Wappentier, der Hubertus-Hirsch, ist Teil der Sage des heiligen Hubertus, des Schutzpatrons der Jäger.

Die liebevolle Herstellung in einer Kombination aus traditionellem Destillationshandwerk und moderner Technik, eine aufwendige Qualitätssicherung, cleveres Marketing, kluge Investitionen und ein weltumspannendes Händlernetz haben den Jägermeister in über 90 Ländern zu einem der bekanntesten und beliebtesten Kräuterliköre gemacht. Während der 90-minütigen Führung erfährt man die Hintergründe und bekommt spannende Einblicke in die Herstellung des edlen Elixiers auf Grundlage des bis heute geheimen Rezeptes Carl Masts.

Adresse Mast-Jägermeister SE, Jägermeisterstraße 7–15, 38296 Wolfenbüttel, www.jaegermeister.de/newsroom | **Anfahrt** A 395 Richtung Wolfenbüttel, Ausfahrt B 79 Richtung Wolfenbüttel-Nord/Zentrum, links auf Friedrich-Wilhelm-Straße/B 79, wird zur Jägermeisterstraße | **Öffnungszeiten** Werksführungen nach vorheriger Anmeldung Mo–Do 9 und 13 Uhr, Fr 9 und 12 Uhr, Informationen und Kontaktdaten auf der Homepage | **Tipp** Die schöne Oker durchfließt das reizvolle Harzvorland und Wolfenbüttel, verschiedene Anbieter organisieren Paddeltouren oder verleihen Boote für die Erkundung auf eigene Faust.

107 Die Autostadt

Wissenscampus zwischen Vergangenheit und Zukunft

Die Anzeichen verdichten sich, eigentlich verdichtet sich der Verkehr, und der besteht mit zunehmender Nähe zur Autostadt nur noch aus Volkswagen. Betritt man jedoch den riesigen Eingangsbereich, die Piazza, verfliegt die dezente Angst vorm Markenoverkill. Das ist kein überdimensioniertes Autohaus, das ist ein Garten Eden für Autoliebhaber, Technikbegeisterte und Designinteressierte.

Und auch wenn die Lagunenlandschaft vom Reißbrett des Stararchitekten Gunter Henn, die die verschiedenen Markenpavillons und Attraktionen umspült, seltsam künstlich wirkt, ist die Autostadt eben kein auf Marketingkrawall gebürstetes Volkswagen-Disneyland, sondern ein Ort des Wissens und der Visionen, an dem nicht nur in der interaktiven Ausstellung »Level Green« die Mobilität der Gegenwart auf den Prüfstand gestellt wird. Die 28 Hektar große Anlage lässt sich am besten als Campus verstehen, der der Evolution des Automobils gewidmet ist – weit hinaus über die konzerneigenen zwölf Marken, zu denen auch absolute Leckerbissen wie Bugatti oder Lamborghini gehören.

Neben diesen Premiumsportwagen, neben den Markenhighlights und den großartigen Old- und Youngtimern im Zeithaus findet man hier auch die ganz alltäglichen Fahrzeuge. In Einzelteilen, als Skizzen, digital oder als Plastilinmodell, am Stück in den Autotürmen oder in Aktion. So können beispielsweise die Geländemodelle des Konzerns auf dem hauseigenen Parcours getestet werden.

Ein Tag in der Autostadt vergeht rasend schnell. Eigentlich braucht man noch einen zweiten. Das empfiehlt sich schon allein angesichts der unzähligen Restaurants aller Preisklassen. Der perfekte Monat für einen Besuch ist übrigens der April. Dann finden die Festwochen »Movimentos« statt und bieten auf dem Gelände oder im Alten Kraftwerk ein erlesenes Kulturprogramm von Schauspiel über Tanz bis hin zu Lesungen, Filmvorführungen und Konzerten internationaler Stars.

Adresse Stadtbrücke, 38440 Wolfsburg, www.autostadt.de | **Anfahrt** A 39 Richtung Wolfsburg, bei Ausfahrt 3-Wolfsburg in L 321 einfädeln, rechts auf Heinrich-Nordhoff-Straße, weiter auf Heßlinger Straße, links auf Berliner Ring, links in Richtung Autostadt, Beschilderung folgen | **Öffnungszeiten** Mo–So 9–18 Uhr, viele der Restaurants sind bis 22 Uhr geöffnet | **Tipp** Wolfsburg ist nicht schön im eigentlichen Sinne, einen Besuch aber trotzdem wert, schließlich entstand sie als »Stadt des KdF-Wagens bei Fallersleben« ab 1938 am Reißbrett.

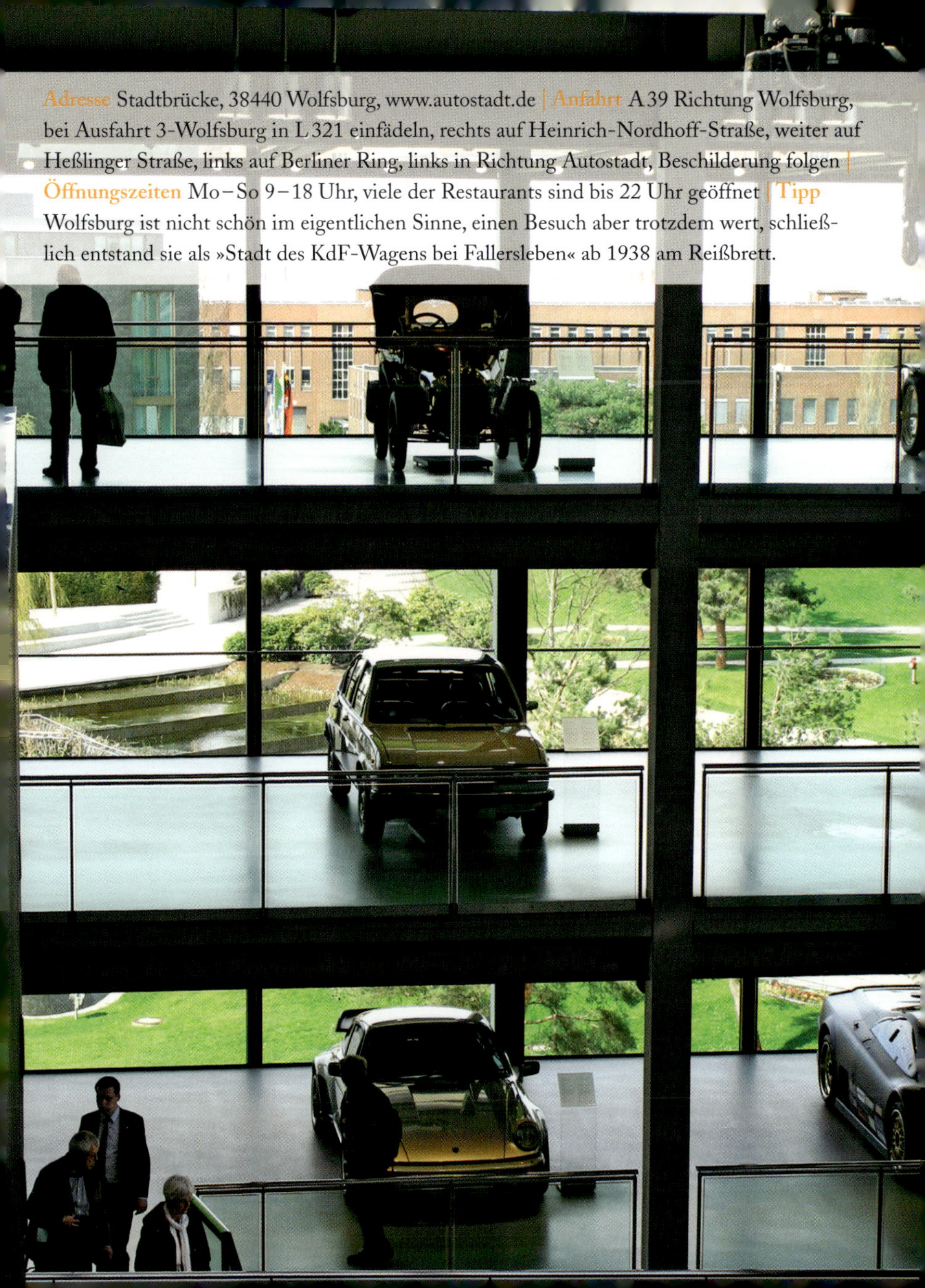

108 Der Archäologische Park Xanten

Damals in der Colonia Ulpia Traiana

Wer waren die Macker der Antike? Die echten Männer, die Alphatiere? Die Römer waren's! Das wissen wir spätestens seit den Asterix-Comics, vielleicht sogar schon aus dem Geschichtsunterricht in der Schule. Damals, als die Herren der Schöpfung Politik im Badehaus machten, als der unliebsame Kaiser Julius Cäsar mit ungezählten Dolchstichen von einer Gruppe Senatoren aus dem Amt und aus dem Leben gedrängt wurde: Das war eine Zeit der echten Männer. In Xanten, der ehemaligen Colonia Ulpia Traiana, war damals einiges los. Sie war eine der bedeutendsten germanischen Provinzen des Römischen Reiches. Über 10.000 Menschen lebten hier zwischen dem 1. und dem 4. Jahrhundert auf 73 Hektar. Die Spuren dieser Siedlung, die durch eine glückliche Fügung der Geschichte ungewöhnlich gut und in großer Zahl erhalten blieben, werden heute, ergänzt durch originalgetreue Nachbauten, im sensationellen Archäologischen Park an ihrem ursprünglichen Ort präsentiert. Komplettiert wird Deutschlands größtes archäologisches Freilichtmuseum durch das LVR-RömerMuseum. So lautet die genaue Wortmarke des preisgekrönten Hauses, das sich über den ausgegrabenen Fundamenten der Eingangshalle des römischen Stadtbades erhebt dem antiken Vorbild nachempfunden ist.

Auf dem Gelände des Parks sind bis heute Rekonstruktionsbauten des Hafentempels, eine römische Herberge, drei römische Wohnhäuser sowie Teile der Stadtmauer mitsamt neun begehbaren Türmen entstanden und natürlich das Amphitheater. Denn schließlich waren die Römer nicht nur gewitzte Politiker, militärische Strategen, Wissenschaftler und Handwerker, sondern auch Freunde handfester und tödlicher Prügeleien im Rund des Circus. In Xanten können sich Männer also auch in die Rolle des Spartakus oder in die der strammen Gesellen aus der Comicverfilmung »300« hineinträumen. Ein guter Ort!

Adresse Am Rheintor, 46509 Xanten, www.apx.de | Anfahrt A 57 bis zur Abfahrt Sonsbeck, Richtung Sonsbeck/Xanten auf Kevelaerer Straße/L 491, links auf Hochstraße/L 480, links auf die B 57, links auf Am Rheintor | Öffnungszeiten März–Okt. Mo–So 9–18 Uhr; Nov. Mo–So 9–17 Uhr; Dez.–Feb. Mo–So 10–16 Uhr | Tipp Wer taugt besser als Schablone des echten Mannes als Siegfried der Drachentöter aus dem Nibelungenlied? Dem Spross des Xantener Königreiches und dem Welterbe-Epos hat man ein Museum gewidmet, in der Kurfürstenstraße 9, nur fünf Minuten vom Archäologischen Park entfernt.

109_Hollister's Motorcycles

Du höllisches Blechle

Man muss kein Biker sein, um sich beim Betrachten der Schöpfungen von Volker Sichler in deren Form und Farbe zu verlieren. Freuds Ansatz, den menschlichen Antrieb auf seine Sexualität zurückzuführen, greift hier vollends: Denn die Excite, die Phantom und all die anderen aufsehenerregenden Unikate und Kleinserien der Marke Hollister's aus dem idyllischen Schwarzwaldörtchen Horgen sind einfach verführerisch kurvig, klingen aufreizend gefährlich und sind einfach verdammt sexy.

Angefangen hat Sichler als Harley-Davidson-Importeur, hat die Maschinen an die individuellen Kundenwünsche angepasst und wollte irgendwann mehr. Sein erstes eigenes Modell, die Phantom aus dem Jahr 2002, sorgte dann auch nicht nur auf den Pisten des Schwarzwaldes, sondern gleich international für ziemliche Aufregung. Auf der »Daytona Beach Bike Week«, einem der weltweit größten Motorradtreffen, gewann sie den Titel »Best of Show«, nur ein Jahr später folgte die Hollister's Excite und räumte nicht nur diese Auszeichnung erneut ab, sondern wurde auch noch zur »The Best of the Best« gewählt, die Beste der Besten: Genau die baut Volker Sichler in seiner kleinen Manufaktur, nimmt dabei Rücksicht auf Kundenwünsche und verkauft die Maschinen in die ganze Welt. Vom russischen Oligarchen bis zum Scheich, die Bikes knattern durch die Taiga und die Wüste, durch Berlin, Rostock und Regensburg. Wo die Unikate oftmals für einen sechsstelligen Betrag ihren Eigentümer finden, liegen die Räder der Kleinserie schon im Bereich eines guten Kleinwagens.

Doch nicht nur die Besitzer einer Hollister's und die Fachpresse schwärmen in den höchsten Tönen von den Motorrädern aus dem Schwarzwald, auch außerhalb der Szene streicht Sichler regelmäßig Preise ein. Für herausragendes Produktdesign bekam er für die Excite den international anerkannten »Red Dot Design Award« des Design Zentrums Nordrhein-Westfalen.

Adresse Zimmerner Straße 48, 78658 Zimmern ob Rottweil, www.hollisters.de | **Anfahrt** A 38 bis Ausfahrt 34-Rottweil Richtung Zimmern o. R. / Schramberg / Dunningen, links auf B 462, links auf K 5540 in Richtung Zimmern ob Rottweil, der Hauptstraße weiter folgen, rechts auf Horgener Straße / K 5541, geradeaus auf Zimmerner Straße / L 423, Ziel links | **Öffnungszeiten** Showroom und Manufaktur können nach vorheriger Anmeldung besichtigt werden; Kontaktdaten auf der Homepage | **Tipp** Die Auto- und Uhrenwelt Schramberg im Gewerbepark H.A.U. liegt knapp 20 Kilometer nördlich und vereint drei Museen in einem.

110_Die Zugspitze

Zugspitze extrem

Die Deutschen sind für vieles bekannt: Autos und Bier, Goethe und Wagner, Fleiß und Humor (kleiner Scherz), ihre Berge gehören nicht gerade dazu. Klar, auf deutschem Boden steht ein gutes Stückchen der Alpen, so richtig hoch werden die aber erst jenseits der Grenzen zu Österreich, der Schweiz oder Frankreich. Also kratzt der höchste Berg Deutschlands gerade einmal an der Grenze zum Dreitausender. Ganze 38 Meter fehlen. Bei insgesamt – danke an Wikipedia – 82 Viertausendern in den Alpen reicht das nicht einmal für den Einzug in die Endrunde, um mal einen Fußballvergleich zu benutzen. Trotzdem schlendert der geneigte Spaziergänger nicht einfach in Shorts und Flipflops auf den Ostgipfel – übrigens der einzige, der noch steht, nachdem der Mittelgipfel einer Seilbahn weichen musste und der Westgipfel von den Nazis für eine Flugleitstelle gesprengt wurde.

Es gibt drei Normalwege hinauf zur Zugspitze, die allesamt mindestens acht Stunden in Anspruch nehmen und mehr als 2.000 Höhenmeter überwinden. Dabei geht es quer durch alle alpinen Vegetationszonen. Festes Schuhwerk, feste Waden und auf einigen Wegen auch Kletterkenntnisse sollte ein Zugspitzenbezwinger mitbringen. Josef Laus hatte das und außerdem noch einen Bergführer und seinen Messgehilfen Maier dabei, als er am 27. August 1820 die Erstbesteigung wagte. Heute kann man sich mit drei verschiedenen Seilbahnen bequem zum Gipfel hinaufliften lassen, was theoretisch auch in Flipflops und Shorts geht, auch wenn es etwas kühl werden dürfte.

Echte Männer (echte Frauen übrigens auch) wählen eine härtere Art und stürmen den Berg beim Zugspitz-Extremberglauf, der jedes Jahr im Sommer Sportler aus der ganzen Welt anzieht. Im Laufschritt geht es da zum Gipfel hinauf. Zwei Stunden brauchen die Allerschnellsten für die knapp 18 Kilometer lange Strecke über 2.235 Höhenmeter. Im Ziel gibt es Freibier, Preise und Respekt!

Adresse 82475 Zugspitze, www.zugspitze.de, www.getgoing.de | Anfahrt zum Zugspitzbahnhof Eibsee über A 95, Autobahn wird zur B 2, B 2 weiter folgen, Ausfahrt zur B 23 Richtung Fernpass / Reutte / Grainau / Garmisch, links Loisachstraße / St2061, weiter auf Eibseestraße / St2061, links auf Seefeldweg, ab hier mit Zahnradbahn hinauf zum Zugspitzblatt | Öffnungszeiten Betriebszeit Bayerische Zugspitzbahn ab Eibsee Mo – So 8.15 – 15.45 Uhr, Eibsee-Seilbahn ab Eibsee Mo – So 8 – 16.45 Uhr; Zugspitz-Extremberglauf alljährlich Anfang Juli, Infos, Ausschreibung und Impressionen unter www.getgoing.de | Tipp Im Zugspitzmassiv befinden sich vier der fünf deutschen Gletscher. Der Schneeferner ist der größte, wahrscheinlich verschwindet er angesichts der Klimaerwärmung innerhalb der nächsten 20 Jahre. Ein guter Grund, ihm bei einer Gletscherwanderung einen Besuch abzustatten.

111 Das FIFA-Hauptquartier

Das Eckige fürs Runde

Wenn Außerirdische auf der Erde landen würden, unweit eines vollbesetzten Fußballstadions, man würde diese alte Phrase auspacken, um ihnen den Grundgedanken des Spiels zu vermitteln: Das Runde muss ins Eckige. Deshalb muss man sich auch nicht wundern, wenn man im Osten des schönen Zürich, auf dem Zürichberg ganz in der Nähe des Zoos, auf das Hauptquartier der FIFA trifft: Auch hier ist alles schön eckig.

Das ist sie also, die Schaltzentrale der Macht über des Mannes liebstes Hobby. Hier haben sich die wichtigsten der Funktionäre der Fédération Internationale de Football Association in Glas und Stahl einmauern lassen. Zugegeben, auf Französisch klingt das gar nicht wie der Dachverband eines Männerhobbys. Aber das ist er ja auch längst nicht mehr, schließlich sind auch die Frauenteams in Vereinen und Verbänden, die der FIFA angehören, organisiert.

Bereits seit 1932 wird die Welt nach dem Gründungsort Paris von Zürich aus in Sachen Fußball regiert. Und dieser Regentschaft ordnen sich immerhin über eine Viertelmilliarde Fußballspieler, Trainer, Schiedsrichter und Funktionäre aus über 200 Ländern unter. Damit das Ganze angesichts der schieren Macht auf dem Zürichberg aber trotzdem noch irgendwie nach Spaß klingt, heißt der Neubau der Schweizer Architektin Tilla Theus auch »Home of FIFA«, das gemütliche Zuhause also. Große Teile des von einem internationalen Landschaftsgarten umgebenen Baus sind allerdings gar nicht zu sehen, ganze fünf der acht Ebenen befinden sich aus städtebaulichen Gründen nämlich unter der Erde.

Das Fußball-Hauptquartier kann täglich während der Öffnungszeiten besichtigt werden. Zwar knistert dort die Luft vor Machtfülle, und eine kleine Ausstellung zeugt von der Geschichte des Verbandes, besonders emotional geht es aber nicht zu. Als Ort der Erinnerung, der Emotionen und Begegnung ist deshalb das FIFA-Museum geplant, das 2015 am Tessinerplatz in Zürich eröffnet werden soll.

Adresse FIFA-Strasse 20, 8044 Zürich, Schweiz, www.fifa.com | Anfahrt A 1 oder A 51 bis Autobahnkreuz 63-Zürich-Nord in Richtung Zürich-City / St. Gallen / Schaffhausen, bei Ausfahrt 65-Wallisellen in Richtung Dübendorf, auf Überlandstrasse, rechts auf Ringstrasse, weiter auf Gockhauserstrasse, halb rechts auf Tobelhofstrasse, rechts auf Dreiwiesenstrasse, rechts auf FIFA-Strasse | Öffnungszeiten während der Bürozeiten frei zugänglich, Führungen nur auf individuelle Anfrage | Tipp Wir sind in Zürich, da gibt es einiges zu sehen, zum Beispiel zahllose ausgezeichnete Fluss- und Seebäder.

1
Nordsee
N
0
25 km
Kartographie: www.altancicek.de
Helgoland
Ostfriesische Inseln
NIEDERLANDE
Kappeln
Schleswig
Eckernförde
Husum
Kiel
Rendsburg
Heide
Eider
Neumünster
SCHLESWIG-HOLSTEIN
Itzehoe
Cuxhaven
Elmshorn
Norderstedt
Norden
Jever
Bremerhaven
Aurich
Stade
Emden
Wilhelmshaven
Bremervörde
Buxtehude
HAMBURG
Papenburg
Oldenburg
Weser
Bremen
Buchholz i.d.N.
Lüneburg
Cloppenburg
Delmenhorst
Ems
Soltau
Uelzen
Verden
Bassum
Meppen
Vechta
NIEDERSACHSEN
Bergen
Lingen (E.)
Diepholz
Nienburg (W.)
Steinhuder Meer
Celle
Nordhorn
Osnabrück
Hannover
Braunschweig
Rheine
Minden
Herford
Hildesheim
Wolfenbüttel
Hameln
Münster
Bielefeld
Bad Salzuflen
Salzgitter
Bocholt
NORDRHEIN-
Gütersloh
Bad Harzburg
Recklinghausen
Goslar
Paderborn
Höxter
Moers
Gelsenkirchen
Hamm
Holzminden
WESTFALEN
Duderstadt
Essen
Dortmund
Duisburg
Bochum
Ruhr
Göttingen
Brilon
Düsseldorf
Arnsberg
Hann. Münden
Neuss
Kassel
Wuppertal
Lüdenscheid
Köln
Leverkusen
Mühlhausen
Bergisch-Gladbach
Eschwege
Siegen
Siegburg
Bad Hersfeld
Gotha
Eisenach
Königswinter
Bonn
Marburg
Alsfeld
Dillenburg
Rhein
Bad Neuenahr-Ahrweiler
Neuwied
Giessen
Meiningen
Suhl
Wetzlar
HESSEN
Fulda
Koblenz
Limburg
Lahnstein
A7
A23
A1
A27
A31
A28
A29
A30
A2
A33
A43
A44
A45
A4
A5
A3
A61
A48
81
17
47
39
40
41
42
43
44
28
18
85
106
108
22
21
25
26
63
88
62
105
37
52
51
61
55
74
2

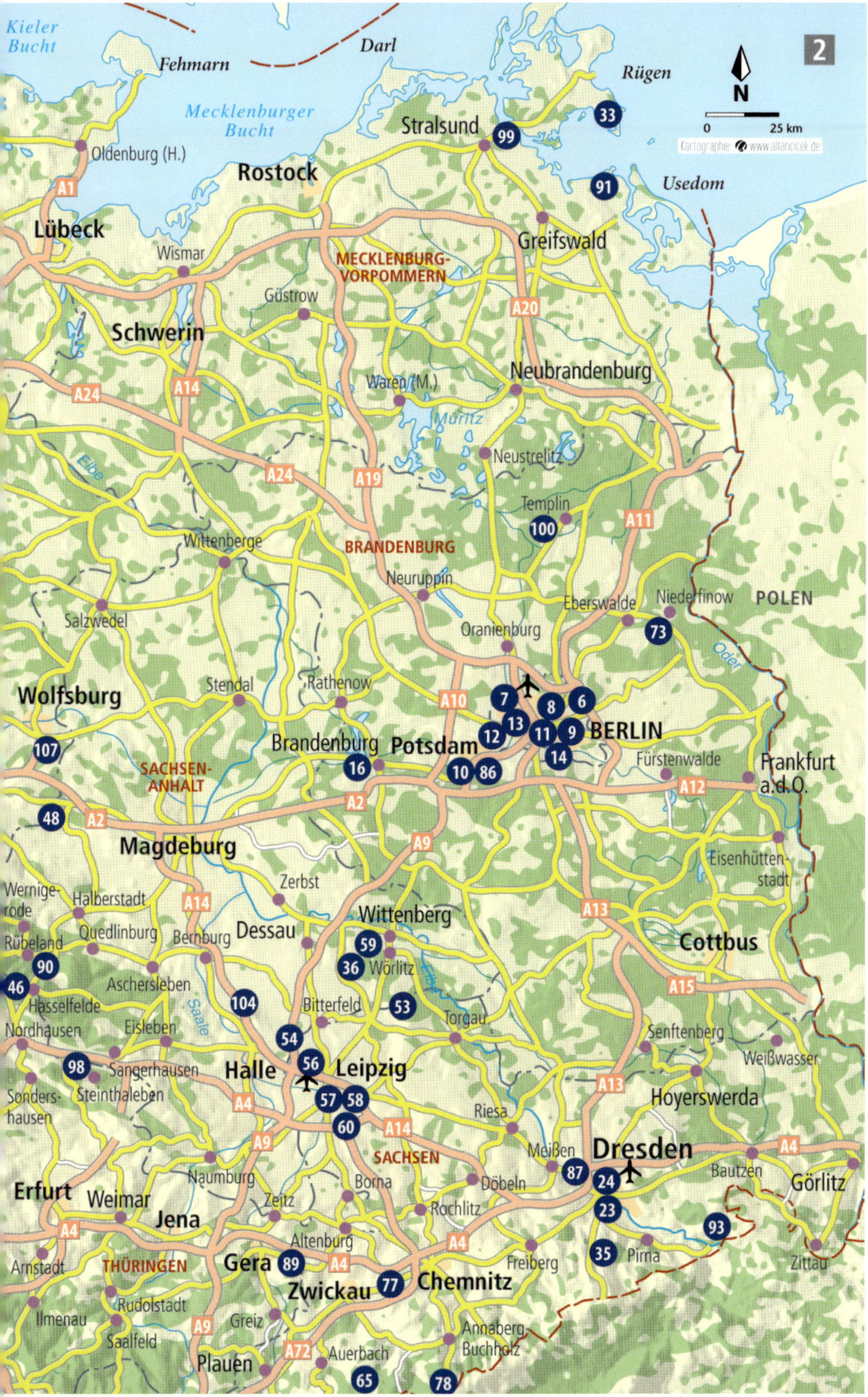
2
N
0
25 km
Kartographie: www.altancicek.de
Kieler Bucht
Fehmarn
Darl
Rügen
Mecklenburger Bucht
Stralsund
Oldenburg (H.)
Rostock
Usedom
Lübeck
Wismar
Greifswald
MECKLENBURG-VORPOMMERN
Güstrow
Schwerin
Neubrandenburg
Waren (M.)
Müritz
Neustrelitz
Elbe
Templin
Wittenberge
BRANDENBURG
Neuruppin
Eberswalde
Niederfinow
POLEN
Salzwedel
Oranienburg
Oder
Wolfsburg
Stendal
Rathenow
BERLIN
Brandenburg
Potsdam
Fürstenwalde
Frankfurt a.d.O.
SACHSEN-ANHALT
Magdeburg
Eisenhüttenstadt
Zerbst
Wernigerode
Halberstadt
Wittenberg
Quedlinburg
Bernburg
Dessau
Cottbus
Rübeland
Wörlitz
Aschersleben
Saale
Hasselfelde
Bitterfeld
Torgau
Nordhausen
Eisleben
Senftenberg
Weißwasser
Sangerhausen
Halle
Leipzig
Sondershausen
Steinthaleben
Hoyerswerda
Riesa
SACHSEN
Meißen
Dresden
Naumburg
Bautzen
Görlitz
Erfurt
Weimar
Borna
Döbeln
Jena
Zeitz
Rochlitz
Altenburg
Arnstadt
THÜRINGEN
Gera
Freiberg
Pirna
Zittau
Zwickau
Chemnitz
Rudolstadt
Ilmenau
Greiz
Annaberg-Buchholz
Saalfeld
Auerbach
Plauen
A1
A24
A14
A19
A20
A11
A10
A2
A9
A12
A13
A15
A4
A72
33
99
91
100
73
7
8
6
13
12
11
9
14
16
10
86
107
48
59
36
53
90
46
104
54
56
98
57
58
60
87
24
23
93
35
89
77
65
78

3
Bad Homburg
Frankfurt
Wittlich
Wiesbaden
Rüsselsheim
Hanau
Mühlheim (M.)
Bitburg
RHEINLAND-PFALZ
Mainz
Offenbach
Mosel
Dreieich
Aschaffenburg
Trier
Idar-Oberstein
Darmstadt
Würzburg
Main
Worms
Bensheim
Michelstadt
SAARLAND
Weinheim
Neunkirchen
Kaiserslautern
Ludwigshafen
Mannheim
Saarlouis
Heidelberg
Mosbach
Neustadt
Saarbrücken
Homburg
Pirmasens
Speyer
Wiesloch
Neckar
Landau
Germersheim
Bad Friedrichshall
Sinsheim
Bruchsal
Heilbronn
Schwäbisch-Hall
Karlsruhe
Bretten
BADEN-WÜRTTEMBERG
Rastatt
Pforzheim
Ludwigsburg
Baden-Baden
Schwäbisch Gmünd
Fellbach
Stuttgart
Esslingen
Kehl
Straßbourg (F)
Göppingen
Offenburg
Tübingen
Reutlingen
FRANKREICH
Rottenburg
Lahr
Ulm
Neu-Ulm
Balingen
Emmendingen
Villingen-Schwenningen
Rottweil
Biberach a.d.R.
Rhein
Donau
Sigmaringen
Freiburg
Donaueschingen
Tuttlingen
Mühlheim
Ravensburg
Singen
Überlingen
Lörrach
Friedrichshafen
Radolfzell
Wangen
Rheinfelden
Konstanz
Lindau
Isny
Basel
Bodensee
Zürich
ÖSTERREICH
Biel
SCHWEIZ
LIECHTENSTEIN
Bern
Thun
A1
A2
A3
A5
A6
A7
A8
A13
A14
A61
A62
A65
A67
A81
4
5
15
20
29
30
32
45
49
70
79
84
92
95
96
97
101
109
111

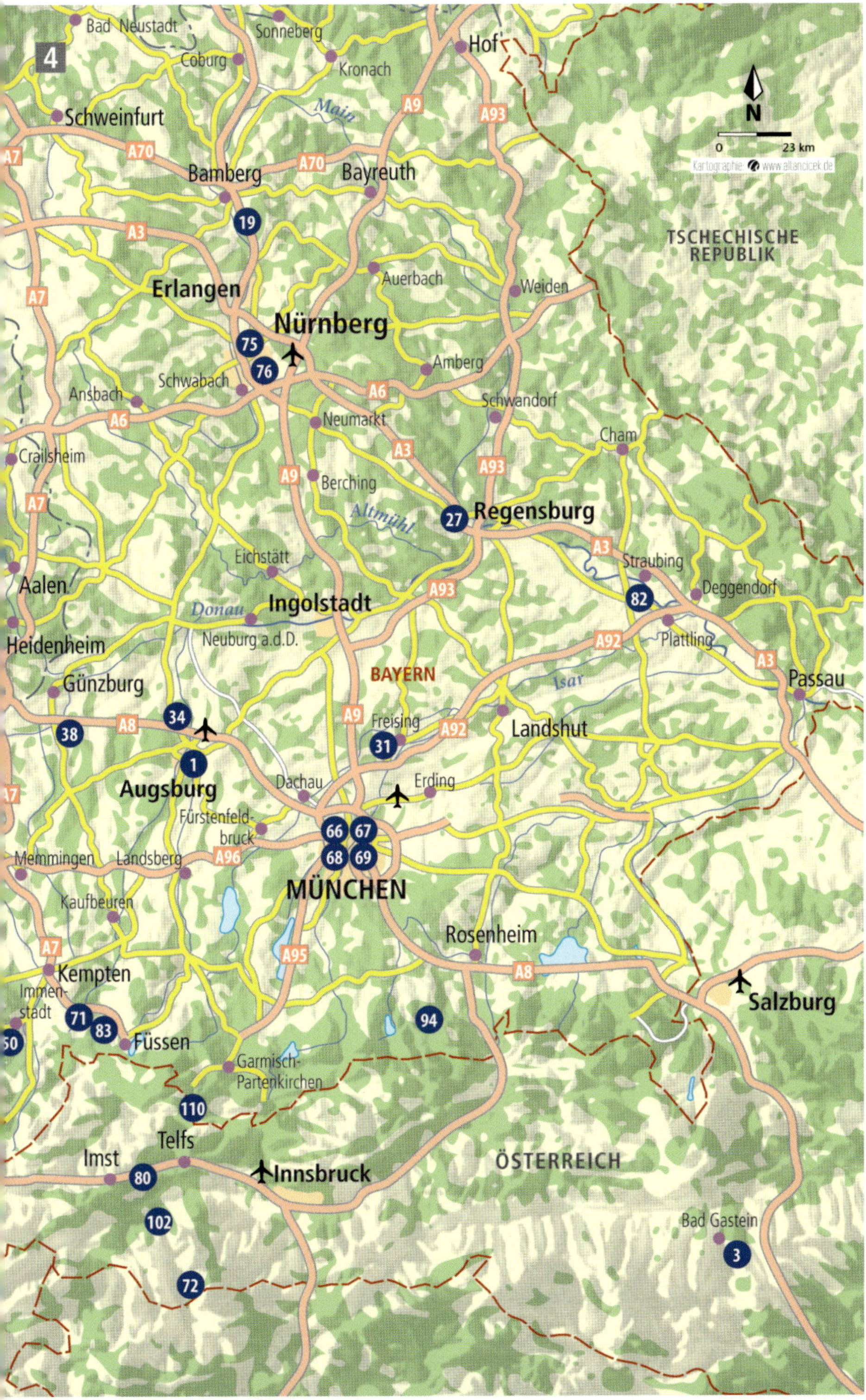

4
Bad Neustadt
Sonneberg
Hof
Coburg
Kronach
Main
Schweinfurt
A9
A93
N
0
23 km
Kartographie: www.altancicek.de
A7
A70
Bamberg
A70
Bayreuth
19
A3
TSCHECHISCHE REPUBLIK
Auerbach
Weiden
A7
Erlangen
Nürnberg
75
76
Amberg
Schwabach
Ansbach
A6
Schwandorf
A6
Neumarkt
Cham
Crailsheim
A3
A9
A93
Berching
A7
Altmühl
27
Regensburg
A3
Straubing
Eichstätt
Aalen
82
Deggendorf
A93
Donau
Ingolstadt
Heidenheim
Neuburg a.d.D.
A92
Plattling
A3
BAYERN
Günzburg
Isar
Passau
A9
Freising
34
38
A8
A92
Landshut
31
1
Augsburg
Dachau
Erding
Fürstenfeld-bruck
66
67
68
69
Memmingen
Landsberg
A96
MÜNCHEN
Kaufbeuren
Rosenheim
A7
A95
Kempten
A8
Immen-stadt
Salzburg
71
83
94
50
Füssen
Garmisch-Partenkirchen
110
Telfs
Imst
80
Innsbruck
ÖSTERREICH
102
Bad Gastein
3
72

DÄNEMARK
Ostsee
Nordsee
1
2
SCHLESWIG-HOLSTEIN
MECKLENBURG-VORPOMMERN
HAMBURG
Bremen
NIEDERLANDE
POLEN
NIEDERSACHSEN
BERLIN
Hannover
NORDRHEIN-WESTFALEN
SACHSEN-ANHALT
BRANDENBURG
Duisburg
Essen
Dortmund
Düsseldorf
Köln
Dresden
SACHSEN
THÜRINGEN
HESSEN
Frankfurt
3
4
LUXEMBURG
RHEINLAND-PFALZ
SAARLAND
TSCHECHISCHE REPUBLIK
Nürnberg
BADEN-WÜRTTEMBERG
Stuttgart
FRANKREICH
BAYERN
MÜNCHEN
Graz
103
SCHWEIZ
ÖSTERREICH
Genf
64
N
ITALIEN
0
55 km
Kartographie www.altancicek.de

Rüdiger Liedtke
111 Orte auf Mallorca, die man gesehen haben muss
ISBN 978-3-89705-975-7

Susanne Thiel
111 Orte in Madrid, die man gesehen haben muss
ISBN 978-3-95451-118-1

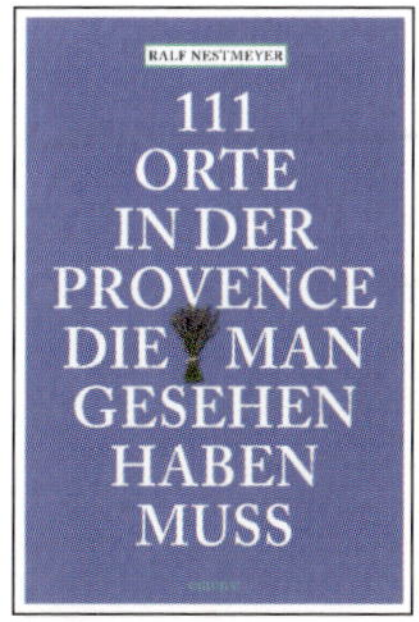

Ralf Nestmeyer
111 Orte in der Provence, die man gesehen haben muss
ISBN 978-3-95451-094-8

Peter Eickhoff
111 Orte in Wien, die man gesehen haben muss
ISBN 978-3-89705-969-6

Stefan Spath
111 Orte in Salzburg, die man gesehen haben muss
ISBN 978-3-95451-114-3

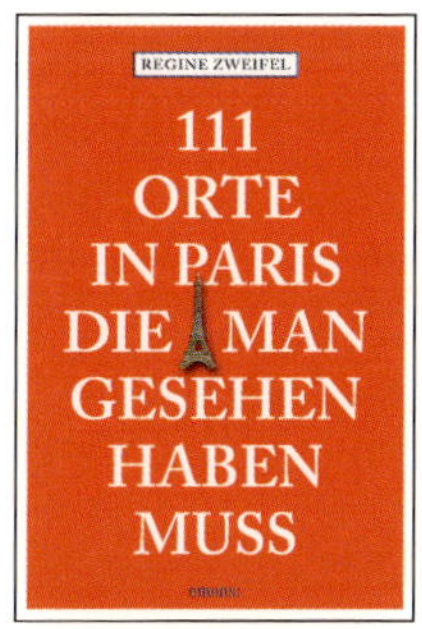

Regine Zweifel
111 Orte in Paris, die man gesehen haben muss
ISBN 978-3-89705-823-1

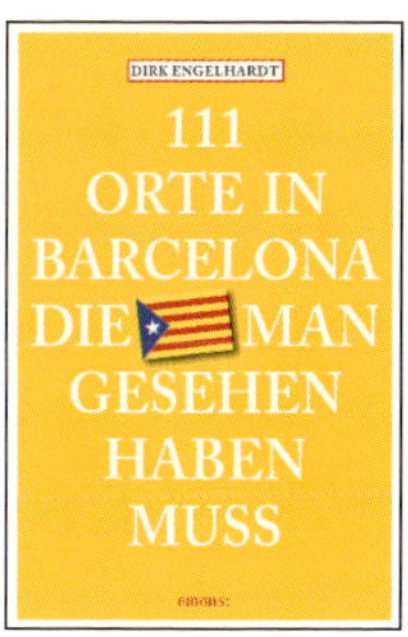

Dirk Engelhardt
111 in Barcelona, die man gesehen haben muss
ISBN 978-3-95451-066-5

John Sykes
111 Orte in London, die man gesehen haben muss
ISBN 978-3-95451-117-4

Annett Klingner
111 Orte in Rom, die man gesehen haben muss
ISBN 978-3-95451-219-5

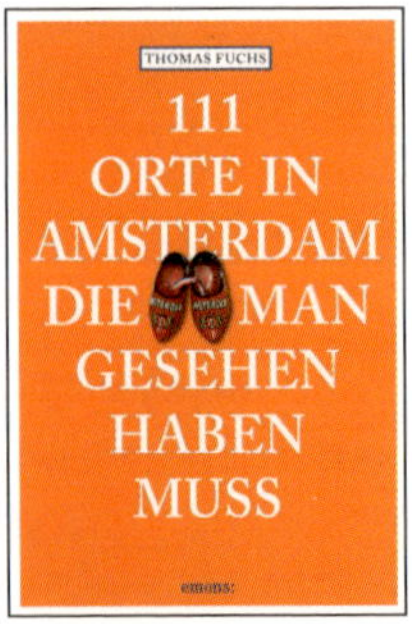

Thomas Fuchs
111 Orte in Amsterdam, die man gesehen haben muss
ISBN 978-3-95451-209-6

Stefan Spath / Gerald Polzer
111 Orte im Salzkammergut, die man gesehen haben muss
ISBN 978-3-95451-231-7

Rüdiger Liedtke
111 Orte in München, die man gesehen haben muss
ISBN 978-3-89705-892-7

Lucia Jay von Seldeneck, Carolin Huder, Verena Eidel
111 Orte in Berlin, die man gesehen haben muss
ISBN 978-3-89705-853-8

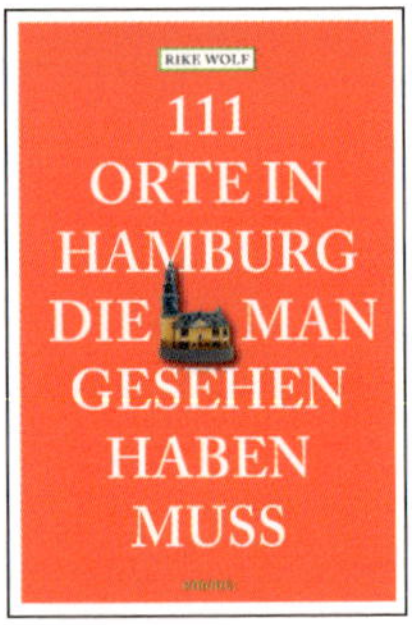

Rike Wolf
111 Orte in Hamburg, die man gesehen haben muss
ISBN 978-3-89705-916-0

Bernd Imgrund
111 Kölner Orte, die man gesehen haben muss
Band 1
ISBN 978-3-89705-618-3

Gabriele Kalmbach
111 Orte in Dresden, die man gesehen haben muss
ISBN 978-3-89705-909-2

Oliver Schröter
111 Orte in Leipzig, die man gesehen haben muss
ISBN 978-3-89705-910-8

René Förder
111 Orte in Sachsen-Anhalt, die man gesehen haben muss
ISBN 978-3-89705-911-5

Bildnachweis

S. 11 Siegfried Krempf, S. 13 Spielbank Mainz/Trier/Bad Ems GmbH & Co. KG; S. 15 Roland Haschka, S. 17 caveseekers.com, S. 19 Brenners Park-Hotel & Spa, Baden-Baden; S. 21 BergWerk Berlin; S. 23 BMW Berlin; S. 25 Computerspielemuseum Berlin; S. 33 R. Heldenmaier; S. 35 Stefan Sommerweiß; S. 37 Christian Molle; S. 39 The Swatch Group; S. 41 BunBo Das BungalowBoot; S. 43 Deutsches Auswandererhaus; S. 45 Hubschraubermuseum Bückeburg; S. 49 Destination Davos Klosters; S. 51 Klaus-Joerg Tuchel; S. 53 Borussia Dortmund GmbH & Co. KGaA; S. 55 Deutsches Hygiene-Museum, Jörg Gläscher; S. 57 Christian Dost, EarthTrail; S. 59 Christian Patzak; S. 61 Classic Remise Düsseldorf; S. 63 Gaststätte Röhrl, oben: Petra Homeier; unten: Muk Röhrl; S. 65 Carsten König/TSLw 3; S. 67 Proflight GmbH; S. 69 Mook Group; S. 71 Bayerische Staatsbrauerei Weihenstephan; S. 73 Zeppelin Museum Friedrichshafen GmbH; S. 75 Paradies Rügen Urlaubs- GmbH & Co. KG; S. 77 Ballonmuseum Gersthofen; S. 79 Stiftung Deutsches Uhrenmuseum Glashütte, René Gaens; S. 81 Frank Aleithe, www.photofabrik.de; S. 83 Männerspielplatz®, www.maennerspielplatz.de S. 85 LEGOLAND®; S. 95 Miniatur Wunderland Hamburg GmbH; S. 99 Medienzentrum Hanau; S. 101 Harzköhlerei; S. 107 dhPhotographic, Daniel Hofmann; S. 109 Alpsee Bergwelt; S. 115 Liane Hartung; S. 117 Henning Mertens; S. 119 Schmiedeglut; S. 121 Porsche Leipzig GmbH; S. 127 Der Planwagen; S. 135 Neanderthal Museum/H. Neumann; S. 137 oben: © 2005 CERN, Maximilien Brice; unten: © CERN, Jacques Fichet; S. 139 Deutsche Raumfahrtausstellung Morgenröthe-Rautenkranz e.V.; S. 141 Nik Winter; S. 143 globetrotter.de; S. 147 High-Life-Divers; S. 149 © 2013 Schilthornbahn AG, Foto: Geri Krischker (www.gkrischker.com); S. 151 Oldtimer-Traktor-Vermietung Strobel; S. 153 © Stubaier Gletscher; S. 155 Helmut Kluge; S. 157 Nürburgring Betriebsgesellschaft mbH; S. 159 's Baggers®; S. 161 DB Museum/Fotos: Mike Beims; S. 163 René Fox; S. 165 k1 sporthotel/Torsten Kürbis; S. 167 Stadt Oppenheim/www.stadt-oppenheim.de; S. 169 AREA 47; S. 171 Fuballgolf Sorgwohld; S. 173 Friedenshain GmbH; S. 175 Waldseilgarten Höllschlucht/Erwin Reiter; S. 177 Axl Klein; S. 181 © Filmpark Babelsberg/Mathwig; S. 187 Wismut GmbH; S. 189 Hendrick Werner; S. 191 mit freundlicher Genehmigung der Energiewerke Nord GmbH; S. 193 mit freundlicher Genehmigung des Mittelalterlichen Foltermuseums Rüdesheim am Rhein; S. 199 Schimkat Fotodesign; S. 201 Auto & Technik Museum Sinsheim; S. 203Technik Museum Speyer; S. 205 Teister, Archiv Tourismusverband Kyffhäuser; S. 209 Andreas Klingert; S. 211 Andorf/Goldsucher.de; S. 213 Ötzi-Dorf Umhausen/Ötztal; S. 215 H&M Eventmanagement GmbH; S. 217 Steinbach; S. 219 Gah Krämer; S. 221 Mast-Jägermeister SE; S. 225 Axel Thünker DGPh; S. 227 Hollister's MotorCycles; S. 229 Tiroler Zugspitz Arena/Christoph Jorda; S. 231 ©FIFA; S. 240 Autorenporträt Frank Aleithe, www.photofabrik.de

Alle weiteren Fotografien Oliver Schröter

Der Autor

Oliver Schröter, 1977 in Dessau geboren, arbeitet und lebt als freier Autor, Journalist und Texter in Leipzig. Schröter ist ein Mann, kennt aber auch Frauen, ist sogar mit einer verheiratet und hat eine Tochter. Fußball, ob aktiv oder passiv, gibt ihm bis heute nichts, manchmal empfindet er das als Handicap, dafür mag er Autos, Bier und staunt gern über große und großartige Architektur.
Für den Emons Verlag hat er bereits »111 Orte in Leipzig, die man gesehen haben muss« und »111 Orte in Sachsen, die man gesehen haben muss« geschrieben und fotografiert.

Danksagung

Buch Nummer 3 und Danksagung Nummer 1. Da hat sich viel angestaut. Ich werde hier nicht alle nennen können. Viele Freunde in den verschiedenen Winkeln dieser drei Länder, um die es in diesem Buch geht, finden sich im Bildnachweis wieder. Sie haben mir Fotos zur Verfügung gestellt oder haben auf Bestellung welche angefertigt. Danke dafür!
Es gibt einige Menschen, ohne die es dieses Buch nicht geben würde. Wobei ich nicht mal alle kenne, die in den kompletten Produktionsprozess eingebunden waren: Danke an diese, unbekannterweise.
Nun zu denen, die ich kenne. Liane: Als Praktikantin zum Projekt gestoßen, hat sie die Ausrichtung des Buches maßgeblich mitbestimmt und weit, weit, weit über ihr Praktikum hinaus telefoniert, gemailt und recherchiert. Ich hab's schon an die 111 Mal gesagt und schreibe es trotzdem noch einmal: Danke!
René: Ohne ihn hätte es keines der drei Bücher gegeben. Ein paarmal in den zurückliegenden Jahrzehnten hat er ganz entspannt auf eine Tür gezeigt, beim zweiten Mal bin ich durchgegangen, und voilà: Buch Nummer 3. Danke, mein lieber Onkel.
Ohne Oli und das angeschlossene Autohaus hätte ich die meisten der nun 333 Orte nicht besuchen können. Er hat mich mobil gehalten, hatte immer einen flotten Wagen parat und gab mir auf seine verständnisvolle Weise eine Menge Raum, mich in seinem Unternehmensuniversum auszuprobieren und auszuleben. Merci!
Juliane, wer weiß, was ich ohne sie machen würde. Ohne sie gäbe es diese Bücher jedenfalls nicht, und mich, so wie ich sie schreibe, auf gar keinen Fall. Mein Glücksfall also. Danke!!!
Ganz zum Schluss geht mein Dank an Hejo Emons, der meine schräge Idee mit wenigen Sätzen zu einem Buchprojekt gemacht hat, und an Sonja Erdmann und Franziska Emons, die dieses Projekt bis zum Finale begleitet haben. Vielen Dank.